Weiterführend empfehlen wir:

Trend Tools
Zukunft entdecken, Perspektiven finden, Chancen nutzen
ISBN 978-3-8029-3996-9
von Ralph Scheuss

Short Cuts
Methoden, Instrumente, Begriffe für modernes Management
ISBN 978-3-8029-3991-4
von Frank Wippermann

Strategie Tools
Richtung geben, Vorsprung sichern, Innovationen lancieren
ISBN 978-3-8029-3998-3
von Ralph Scheuss

Führungsdialoge
Respekt zeigen und souverän führen
ISBN 978-3-8029-3853-5
von Frank Wippermann

Change Tools
Wandel bewirken, Super-Teams gestalten, Engagement mobilisieren
ISBN 978-3-8029-3997-6
von Ralph Scheuss

Erfolgreich als Solo-Unternehmer
Wachstumsstrategien für Selbstständige
ISBN 978-3-8029-3868-9
von Monika Birkner

Wir freuen uns über Ihr Interesse an diesem Buch. Gerne stellen wir Ihnen zusätzliche Informationen zu diesem Programmsegment zur Verfügung.

Bitte sprechen Sie uns an:

E-Mail: WALHALLA@WALHALLA.de

http://www.WALHALLA.de

Walhalla Fachverlag, Haus an der Eisernen Brücke, 93042 Regensburg
Telefon: 0941 5684-0, Telefax: 0941 5684-111

Die Titel unseres Verlages sind auch als E-Book in allen gängigen Formen erhältlich.

Mehr dazu unter www.WALHALLA.de

Kannenberg · Diederichs

Führungs Kraft

Stärken erkennen und wirkungsvoll einsetzen

>>> Walhalla Workbook

Bibliografische Information der Deutschen Nationalbibliothek
Die Deutsche Nationalbibliothek verzeichnet diese Publikation in der Deutschen Nationalbibliografie; detaillierte bibliografische Daten sind im Internet über http://dnb.dnb.de abrufbar.

Zitiervorschlag:
Dieter Kannenberg · Matthias Diederichs, Führungs-Kraft
Walhalla Fachverlag, Regensburg 2014

E-Book inklusive: Der Erwerb dieses Fachbuches umfasst den kostenlosen Download des E-Books. Nähere Informationen dazu finden Sie am Ende des Buches.

WALHALLA Workbook

© Walhalla u. Praetoria Verlag GmbH & Co. KG, Regensburg
Alle Rechte, insbesondere das Recht der Vervielfältigung und Verbreitung sowie der Übersetzung, vorbehalten. Kein Teil des Werkes darf in irgendeiner Form (durch Fotokopie, Datenübertragung oder ein anderes Verfahren) ohne schriftliche Genehmigung des Verlages reproduziert oder unter Verwendung elektronischer Systeme gespeichert, verarbeitet, vervielfältigt oder verbreitet werden.
Produktion: Walhalla Fachverlag, 93042 Regensburg
Illustrationen: Hurtig Design, Braunschweig
Umschlaggestaltung: grubergrafik, Augsburg
Druck und Bindung: Westermann Druck Zwickau GmbH
Printed in Germany
ISBN 978-3-8029-3919-8

Schnellübersicht

Meine Rolle als Führungskraft 7

1 Ich bin, wie ich bin 11

2 Aspekte der Persönlichkeit 17

3 Unterschiedliche Führungstypen 35

4 Kommunikation und Typologie 41

5 Den eigenen Führungstypus entwickeln 49

6 So gestalte ich …, wenn ich will 55

7 Was heißt Führungsautorität? 59

8 Was bedeutet Führungsverantwortung? 69

9 Wie groß ist Ihr Einfluss? 77

10 Aus vier Grundhaltungen lernen 103

11 Was können Sie alles? 115

12 Persönlichkeit, Haltung, Kompetenz .. 161

Ihr persönlicher Maßnahmenplan 179

Das Power-Potential-Profile® 180

Literaturhinweise 187

Stichwortverzeichnis 189

Meine Rolle als Führungskraft

Die Erwartungen an Menschen in leitenden Positionen sind zu unterschiedlichen Zeiten, in unterschiedlichen Gesellschafts- und Organisationskulturen immer wieder anders. Es gibt kein einheitliches Verständnis, was Führungskräfte leisten müssen, was sie tun sollen und was nicht oder was sie dürfen und was nicht.

Ein Mensch wird nicht als Führungskraft geboren. Führung ist eine Rolle, in die Menschen hineingehen – sei es gern oder ungern, aus freien Stücken oder dass sie in diese Rolle von anderen hineingedrängt werden.

Wie diese Rolle ausgelebt wird, hängt von der Ausgestaltung der Beziehung zwischen Führungskraft und Mitarbeitern ab. Und sie hängt ab von dem Kontext, in dem Führung stattfindet, das heißt von der Strategie der Organisation, den Zielen, die zu verfolgen sind, der Auf- und Ablaufstruktur, in die die Führungskraft eingebunden ist, und von den kulturellen Ausprägungen der Organisation.

Führung ist und kann somit kein Rettungsboot sein, auf das sich eine Organisation flüchtet nach der Devise: „Hätten wir nur den richtigen Chef gehabt, würde es uns gut gehen." Sie kann aber auch nicht zur Beliebigkeit verkommen, denn das würde ihren Einfluss unterbewerten getreu dem Motto: „Egal wer hier Chef ist, das Chaos kann keiner beheben."

In diesem Buch möchten wir Sie mit einigen ausgewählten Elementen aus dem Bereich „Leadership" vertraut machen.

Werfen wir einen möglichst realistischen Blick auf die Einflussmöglichkeiten von Führung.

Meine Rolle als Führungskraft

Im flow malex cube®[1] sehen Sie die unterschiedlichen „Spielfelder", auf denen Führung aktiv werden kann: Management, Leadership, Excellence.

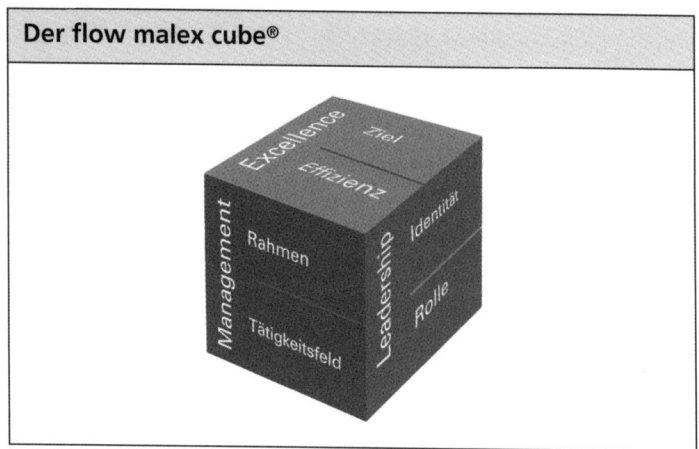

Der flow malex cube®

Anhand von Übungen können Sie einen genaueren Blick auf sich selbst als Führungskraft werfen. Sie reflektieren über sich selbst in Ihrem Verständnis Ihrer Führungsrolle. So gewinnen Sie mehr Klarheit darüber, wie es Ihnen gelingt, Ihre Führungsstärke auszubauen.

In den Kapiteln 1 bis 5 zeigen wir, wie Sie sich als Führungspersönlichkeit besser kennenlernen und auf Grundlage dieser Erkenntnis Ihren individuellen Führungsstil weiter ausbauen können.

In den Kapiteln 6 bis 10 werden Sie Ihre Führungshaltung überprüfen. Wie entwickeln Sie eine gestaltende Führungshaltung im Spannungsfeld zwischen Autorität und Verantwortung?

---

[1] Das Wort „malex" setzt sich zusammen aus „ma" = Management, „le" = Leadership und „ex" = Excellence und macht deutlich, dass Führung aus diesen drei Komponenten besteht; aus: Wippermann, F. (2011): Führungsdialoge, S. 78 ff.

Meine Rolle als Führungskraft

In Kapitel 11 werden einige wichtige Führungsfähigkeiten (Kompetenzen) beschrieben.

Kapitel 12 soll zeigen, wie Persönlichkeit, Haltung und Kompetenzen zusammenspielen. Mithilfe der von uns vorgestellten Übung können Sie dieses Zusammenspiel für sich persönlich optimieren.

Abschließend erläutern wir ein Instrument zur Selbsteinschätzung, das sogenannte Power-Potential-Profile®. Es veranschaulicht die idealerweise in drei Dimensionen gerichtete Führungs-Kraft.

Wir wünschen Ihnen viel Erfolg auf Ihrem Weg zu einer noch erfolgreicheren Führungskraft.

Matthias Diedericks
Dieter Kannenberg

flow consulting gmbh
www.flow.de

P.S. Der Einfachheit halber verwenden wir in diesem Buch die männliche Schreibweise und bitten alle weiblichen Führungskräfte, sich genauso angesprochen zu fühlen. Sämtliche Namen in Fallbeispielen sind frei erfunden.

Ich bin, wie ich bin   1

Typologie und C.G. Jung 12
Die vier Kategorien der Typologie
nach C.G. Jung................... 14
Was bedeutet Präferenz?........... 15

Typologie und C.G. Jung

Wenn Sie Ihre Rolle als Führungskraft weiter ausbauen wollen, hilft es, sich zuerst ein genaues Bild von sich selbst zu machen. Dabei bietet eine Persönlichkeitstypologie eine erste Annäherung. Sie können sich in ein „Raster" einordnen und so Ihre spezifischen Verhaltensmuster als Führungskraft besser verstehen lernen.

Wir benutzen den Begriff „Typ" in der Alltagssprache recht häufig, und zwar dann, wenn es um bestimmte Muster geht. Bei Fahrzeugtypen zum Beispiel: Ein Kombi hat andere typische Muster als ein Cabriolet. Oder bei Schrifttypen: Die Schrifttype „Arial" sieht anders aus als die Schrifttype „Times". Bei Autos und Schriftarten sind solche Muster noch relativ einfach zu erkennen.

Das ist bei einem Menschen und den faszinierenden Facetten seiner Persönlichkeit anders. Die Unterscheidung in „Mann" und „Frau" ist bereits eine Typologie, wenn auch eine stark vereinfachte. Diese einfache Unterscheidung reicht selbstverständlich nicht aus, um die Persönlichkeit eines Menschen zu beschreiben.

Wichtig ist: Bei der Verwendung von Typologien darf es nie um richtig oder falsch gehen. Sie erhalten nicht **die** eine Beschreibung einer Person, die jedes Verhalten dieser Person erklären kann. Vielmehr sollte man das Ergebnis einer typologischen Auswertung wie eine Landkarte betrachten, die Ihnen Anhaltspunkte gibt, um sich und andere besser zu verstehen. Akzeptieren Sie, dass Sie nie genau wissen werden, warum andere sich so verhalten und nicht anders – Sie können es nur vermuten.

Menschen nehmen die Welt unterschiedlich wahr. In der Folge interpretieren sie diese auch unterschiedlich. Das trifft auf Führungskräfte ebenso zu wie auf deren Mitarbeiter. Jede Führungskraft bringt eigene Vorstellungen, eigene Verhaltensweisen und

Typologie und C.G. Jung

den eigenen Stil mit. Das ist keine neue Erkenntnis. Doch welche Auswirkungen hat die Unterschiedlichkeit, was heißt das für Sie als Führungskraft?

Als hilfreich für die Beschreibung dieser Unterschiedlichkeit hat sich die psychologische Typologie nach C.G. Jung erwiesen. Einige bewährte Testverfahren zur Bestimmung des Persönlichkeitstyps nutzen die Erkenntnisse von C.G. Jung.[2]

Diese Typologie ist aus unserer Erfahrung besonders hilfreich, da sie nicht statisch ist, sondern eine Entwicklungsdynamik beinhaltet. So wird deutlich, wie sich die Persönlichkeit in der Interaktion mit anderen herausbildet und weiterentwickelt.

Das geschieht auch in der Ausgestaltung der Führungsrolle. Menschen gehen unterschiedlich damit um: Entweder sie nehmen diesen Prozess nicht wahr und sehen die Welt unreflektiert ausschließlich durch ihre Brille, z. B. mit folgender Einstellung: „Ich als Führungskraft habe das Recht, mich so zu verhalten, wie ich will, die anderen haben sich daran anzupassen." Oder sie achten auf den wechselseitigen Beeinflussungsprozess in der Ausgestaltung ihrer Führungsrolle: „Ich beobachte, welche Wirkung ich in der Art und Weise meiner Führung in den unterschiedlichen Situationen erziele und leite für mich Erkenntnisse daraus ab."

Diese Erkenntnisse können Sie mithilfe der psychologischen Typologie von C.G. Jung beschleunigen. Nur wer sich selbst gut kennt und sich selbst gut führen kann, kann auch andere leiten.

---

[2] Anwendungsorientierte Forscher haben die Typologie von C.G. Jung für die Praxis weiterentwickelt und damit einhergehend Fragebögen zur Selbsteinschätzung konstruiert. Zurzeit gibt es drei seriöse, wissenschaftlich validierte Instrumente, die sich eng an das Jung'sche System anlehnen: den MBTI™ (Myers-Briggs-Typenindikator), den GPOP™ (Golden Profiler of Personality) und das JPP (Jungian Personality Profile im Power-Potential-Profile® der flow consulting gmbh).

Ich bin, wie ich bin

Die vier Kategorien der Typologie nach C.G. Jung

Die Jung'sche Typologie beschreibt vier Kategorien, die jeweils auf einer Bipolarität[3] beruhen:

1. Woher beziehe ich meine Energie? Eher extravertiert[4] aus der Beschäftigung mit der Außenwelt oder mehr introvertiert aus der Beschäftigung mit meiner Innenwelt?
2. Wie nehme ich meine Umwelt wahr? Mit den fünf Sinnen, praktisch orientiert oder eher mit dem sogenannten „sechsten Sinn", intuitiv orientiert?
3. In welcher Form bewerte ich? Eher mit dem Kopf nach logischen, analytischen Kriterien oder mehr mit dem Herzen, subjektiv, beziehungsorientiert?
4. Wie organisiere ich mich selbst? Eher strukturiert nach gewissen Abläufen, Regeln und Plänen oder flexibel nach der jeweiligen Situation und spontan?

Diese vier Kategorien stehen in einem dynamischen Wechselspiel zueinander. Aus diesem Wechselspiel lassen sich spezifische Eigenheiten genauso wie Stärken, Potenziale, Führungsvorlieben und persönliche Entwicklungswege aufzeigen.

Die Pole der vier Kategorien werden jeweils mit einem international gültigen Buchstaben gekennzeichnet. Aus ihrer Kombination ergeben sich 16 individuelle Typenbeschreibungen.

Dabei kann sich jeder Mensch grundsätzlich jedes Pols bedienen, einer von beiden wird aber stets stärker bevorzugt (Präferenz).

---

[3] Der Begriff „bipolar" bedeutet so viel wie „mit zwei Polen versehen". Ein bipolares Modell beschreibt die gegensätzlichen Enden (Pole) ein und derselben Kategorie. Diese Gegensätze können bei einem Menschen nicht gleichzeitig gemeinsam auftreten (additiv), sondern immer nur zeitlich nacheinander (Beispiel: Ich kann nicht gleichzeitig am Südpol und am Nordpol sein).

[4] Fachbegriff nach C.G. Jung; umgangssprachlich häufig „extrovertiert".

Diese Ausprägungen können bei jedem Menschen unterschiedlich stark sein. Daraus ergeben sich im Instrument Jungian Personality Profile (JPP) Präferenzwerte, die darüber Auskunft geben, wie stark Sie sich ihrer jeweiligen Neigung bewusst sind.

Vier Kategorien der Jung'schen Typologie		
E extraversion	**Energie/ Beziehung**	introversion **I**
S sensing praktisch	**Wahrnehmung/ Information**	intuition **N** intuitiv
T thinking analytisch	**Beurteilung/ Entscheidung**	feeling **F** wertorientiert
J judging strukturiert	**Organisation/ Lebensstil**	perceiving **P** flexibel

Was bedeutet Präferenz?

Der Begriff der Präferenz ist zentral für das Verständnis dieser Typologie. Er steht für ein bevorzugtes Verhalten, eine Neigung oder Vorliebe. Das möchten wir Ihnen anhand einer einfachen Übung verdeutlichen.

> **Übung:**
> **Präferenzen**
>
> Setzen Sie sich bequem auf einen Stuhl und verschränken Sie die Arme vor der Brust. Haben Sie schon jemals darauf geachtet, welcher Ellenbogen „oben" liegt? Wenn nicht, dann tun Sie es bitte jetzt. Liegt der rechte oder der linke Ellenbogen oben?
>
> Nehmen Sie nun die Arme wieder auseinander und verschränken Sie diese erneut. Legen Sie jetzt bewusst den anderen Ellenbogen nach oben. Spüren Sie kurz, wie sich das anfühlt.

Ich bin, wie ich bin

Bei den meisten Personen werden bei dieser Übung folgende Beschreibungen genannt: „verkehrt", „schwach", „unnatürlich", „freiwillig würde ich das nie so tun", „ungewohnt", „unbequem", „eng", „da fühl ich mich nicht so wohl" – schnell legen viele ihre Arme wieder in ihre ursprüngliche Haltung zurück.

Mit dem Schreiben verhält es sich ähnlich. Personen mit der Präferenz „rechts schreiben" können – z. B. mit gebrochenem Arm – zwar auch mit links schreiben, schwenken aber sofort um, sobald die rechte Hand wieder halbwegs funktioniert.

Was heißt das für Präferenzen im Sinne des JPP?

Jeder Mensch kann sich Verhaltensweisen beider Pole, z. B. Extraversion und Introversion, bedienen. Er kann sich z. B. extravertiert verhalten und innerhalb kurzer Zeit Kontakt zu vielen Menschen aufbauen. Er kann sich ebenso introvertiert verhalten, abwartend in Ruhe zuhören und sich nach längerer Zeit von einigen wenigen Menschen intensiv in ein Gespräch verwickeln lassen. Im Lauf der Jahre entwickeln wir jedoch eine Präferenz, sprich eine Vorliebe, für eine der beiden Verhaltensweisen. Das heißt, der eine Mensch fühlt sich in der extravertierten Rolle wohler, der andere in der introvertierten Rolle. Das führt automatisch dazu, dass der bevorzugte Pol in vielen differenzierten Formen ausgebildet wird, der vernachlässigte Pol hingegen weniger stark ausdifferenziert ist. Das bedeutet: Bei einem vernachlässigten Pol benötigen wir mehr Energieaufwand, um uns sicher zu bewegen. Das Ergebnis ist dann für uns meist weniger berechenbar oder zufriedenstellend, ähnlich dem Schreiben mit der ungewohnten Hand.

Eine Führungskraft sollte wissen, welche ihre Präferenzen in führungsrelevanten Themen sind.

Aspekte der Persönlichkeit 2

Woher nehmen Sie Ihre Energie? 18

Wie nehmen Sie Ihre Umwelt wahr?. . 22

Wie entscheiden und bewerten Sie?. . 27

Welchen Lebensstil bevorzugen Sie?. . 31

Nun erhalten Sie die Gelegenheit, Ihre eigenen Präferenzen kennenzulernen. Sind Sie eher ein E-Typ (extravertiert) oder mehr ein I-Typ (introvertiert)? Nehmen Sie Ihre Umwelt vorwiegend mit Ihren fünf Sinnen wahr oder intuitiv? Sind Sie ein analytischer oder ein beziehungsorientierter Typ und wie organisieren Sie sich – strukturiert oder flexibel? Diese Präferenzen haben Auswirkungen auf Ihr Führungsverhalten und deshalb lohnt es, dies genauer zu erforschen.[5] Wir beginnen bei der Frage der Energie.

Woher nehmen Sie Ihre Energie?

Extravertiert (E) oder introvertiert (I)

Erkennen Sie sich in folgender Situation?

Sie haben einen sehr anstrengenden Tag in der Firma hinter sich. Abends müssen Sie noch zu einer großen Konferenz. Hier versprechen Sie sich, viele neue Kontakte knüpfen zu können. Obwohl Sie recht müde sind, sind Sie gespannt, wen Sie dort kennenlernen werden. Es gelingt Ihnen spielend, ins Gespräch zu kommen und es macht Ihnen Spaß, sich intensiv an den Diskussionen zu beteiligen. Meist zählen Sie zu denen, die zuerst das Wort ergreifen. Nach einer solchen Veranstaltung ist die Erschöpfung des Tages plötzlich wie weggeblasen. Sie fühlen sich angeregt und voller Energie (deutet auf einen E-Typ hin).

---

[5] Wer diese Typeneinschätzung wissenschaftlich validiert vornehmen möchte, sollte dazu z. B. das Instrument JPP nutzen. Es ist im Power-Potential-Profile® enthalten, s. dazu im Anhang.

Woher nehmen Sie Ihre Energie?

Oder trifft folgende Situation besser auf Sie zu?

Die Konferenz verläuft mit vielen Gesprächen und Diskussionen, mit vielen Besuchern und Gästen und schnellen Wortwechseln. Und das Ganze findet nach einem anstrengenden Tag statt, an dem Sie bereits viele Gespräche geführt haben. Sie hören konzentriert zu und legen wie in jedem Gespräch großen Wert darauf – wenn überhaupt – nur wohlüberlegte Beiträge zu bringen. Sie wissen, dass diese Veranstaltung eine gute Möglichkeit ist, neue Kontakte zu knüpfen. Leichter fällt es Ihnen jedoch, auf Menschen zuzugehen, die Sie bereits kennen. Nach einem solchen Tag bevorzugen Sie es, sich möglichst frühzeitig zurückziehen zu können, um die Eindrücke in aller Ruhe zu verarbeiten und aufzutanken (deutet auf einen I-Typ hin).

Wenn Sie als Quelle Ihrer Energie eher andere Menschen, sprich die „Außenwelt" sehen, haben Sie die Neigung zur Extraversion. Greifen Sie jedoch auf Ihre inneren Vorräte an Ideen, Gedanken oder Erfahrungen zurück, das heißt auf die „Innenwelt", so haben Sie eher eine Tendenz zur Introversion.

Bezieht seine Energie von anderen.

Bezieht seine Kraft von „inneren Ressourcen".

Aspekte der Persönlichkeit

Ist oft freundlich, redselig und leicht kennenzulernen.

Ist zurückhaltend, ruhig und schwer kennenzulernen.

Ein E-Typ handelt erst und überlegt dann – vielleicht.

Ein I-Typ überlegt erst und handelt dann – vielleicht.

Ein E-Typ kann dem I-Typ als oberflächlich erscheinen.

Ein I-Typ kann dem E-Typ als verschlossen erscheinen.

Woher nehmen Sie Ihre Energie?

Was heißt das für Sie als Führungskraft?

Es gibt bei dieser Charakterisierung kein „besser" oder „schlechter". Es geht nur um eine andere Sichtweise, um ein anderes psychisches Muster, welches Ihr Verhalten voraussichtlich unbewusst dominieren wird. Darüber sollten Sie sich im Klaren sein. So können Sie sich – wenn es darauf ankommt – auch mal ganz bewusst anders verhalten. Denn als Führungskraft kommen Sie voraussichtlich in Situationen, in denen mal das eine und mal das andere Verhalten sinnvoller ist. Darum sollten Sie sich nicht nur von Ihrer Präferenz leiten lassen. Gleichzeitig sollten Sie sich aber nicht verbiegen. Wenn Sie wissen, auf welchen Gebieten Sie stark sind, können Sie diese Stärke bewusst ausspielen und nutzen. Und Sie können auf Mitarbeiter, die anders „ticken" als Sie selbst, anders eingehen und diese Stärken in Ihrem Team oder Ihrer Abteilung gezielt nutzen. So lassen sich Konflikte, die aufgrund unterschiedlicher Präferenzen entstehen können, vorbeugend minimieren oder sogar konstruktiv nutzen.

> **Übung:**
> **Auswirkungen von Extraversion und Introversion**
>
> Überlegen Sie bitte, welche Spannungen Sie in Ihrer Organisation oder Gruppe kennen, die sich aufgrund der Unterschiedlichkeit von Introversion und Extraversion ergeben.
>
> Wie können Sie mit diesen Spannungen umgehen und diese in konstruktive Bahnen lenken?

In der folgenden Checkliste finden Sie Anregungen zum konstruktiven Umgang mit Mitarbeitern, die Ihren Gegentypus darstellen.

Aspekte der Persönlichkeit

Checkliste: Umgang mit dem Gegentypus E oder I

Tipps für E-Führungskräfte zum Umgang mit I-Mitarbeitern:

- Trainieren Sie bewusst das Zuhören, machen Sie deutliche Sprechpausen, geben Sie non-verbale Zuhörsignale.
- Reduzieren Sie Ihren Redeanteil in Mitarbeitergesprächen. Schweigen eines Mitarbeiters heißt nicht automatisch Zustimmung, auch nicht Ablehnung.
- Geben Sie Introvertierten vor Gesprächen Vorbereitungszeit. Lassen Sie nach Fragen einige Sekunden Zeit für die Antwort.
- Wenn Sie nicht wissen, was ein I denkt, haben Sie nicht nachgefragt.

Tipps für I-Führungskräfte zum Umgang mit E-Mitarbeitern:

- Informieren Sie Ihre Mitarbeiter ausführlich.
- Lassen Sie Mitarbeiter an Ihren Überlegungen teilhaben, erläutern Sie Ihre Gedankengänge, entwickeln Sie auch Ideen im Austausch mit Mitarbeitern.
- Suchen Sie bewusst Kontakt zu Ihren Mitarbeitern.
- Vermitteln Sie Energie und Enthusiasmus für Ihre Themen.
- Wenn Sie nicht wissen, was ein E denkt, haben Sie nicht zugehört.

Wie nehmen Sie Ihre Umwelt wahr?

Praktisch (S) oder intuitiv (N)?

Erkennen Sie sich in folgender Situation?

Sie laden Ihre Mitarbeiter zu einem Meeting ein, um die Quartalsergebnisse Ihrer Abteilung gemeinsam auszuwerten. Sie führen ein solches Meeting bereits zum wiederholten Mal durch, sodass Ihr Team mittlerweile gute betriebswirtschaftliche Grundlagen

Wie nehmen Sie Ihre Umwelt wahr?

vorweisen kann. Dennoch ist Ihnen wichtig, dass die Zahlen im Detail klar sind. Damit Ihnen jeder gut folgen kann, gehen Sie die Auswertung Schritt für Schritt und Zeile für Zeile durch. Zwei Ihrer Mitarbeiter schweifen im Lauf Ihrer Ausführungen immer wieder ab. Sie bringen ständig neue Ideen und Möglichkeiten vor, bei denen aber überhaupt nicht klar wird, wie sie umgesetzt, geschweige denn die Erfahrungen der letzten Jahre dabei berücksichtigt werden können. Deshalb werden Sie nicht müde, sie mit den folgenden Fragen zu konfrontieren: Wie soll das Vorhaben umgesetzt werden, wer soll im Einzelnen angesprochen werden, wie finanzieren wir es und wer setzt die Aktivitäten konkret um? Sie möchten einfach verhindern, dass Sie und Ihr Team beim Management wie „Spinner" dastehen, alles muss für Sie Hand und Fuß haben und konkret durchgeplant sein (deutet auf einen S-Typ hin).

Oder trifft folgende Situation besser auf Sie zu?

Sie müssen sich in derartigen Meetings immer sehr im Zaum halten und ihre Ungeduld zügeln, weil einer Ihrer Mitarbeiter hartnäckig nach den kleinsten Details fragt – nach Zahlen, die in Ihren Augen überhaupt keine Relevanz für das Gesamtergebnis haben – zumal die Zahlen im Rückblick betrachtet werden. Sie möchten viel mehr mit Ihrem Team in die Zukunft schauen, dessen Blick für den Gesamtzusammenhang schärfen, gemeinsame Pläne schmieden und außergewöhnliche Konzepte entwickeln. Sie möchten, dass Ihr Team beim Management vor allem als innovativ und veränderungsfreudig gilt. Wenn die Idee klar und die Vision vor Augen ist, wenn die Ziele stehen, kann man immer noch in die Details gehen. Das können dann gern andere übernehmen, denn diese Kleinigkeiten finden Sie eher langweilig (deutet eher auf einen N-Typ hin).

Aspekte der Persönlichkeit

Liest Anleitungen, bemerkt Details.

Folgt ihrem Gefühl, nimmt die Anleitung als letzte Möglichkeit zur Hand.

Bevorzugt das Praktische.

Stellt sich lieber sämtliche Möglichkeiten vor.

Sieht Einzelteile.

Sieht Muster und Zusammenhänge

Wie nehmen Sie Ihre Umwelt wahr?

S-Typen erscheinen den N-Typen als materialistisch und buchstabengläubig.

N-Typen erscheinen den S-Typen als unbeständige und unpraktische Traumtänzer.

S-Typen lieben eher die praktische Seite der Welt. Sie lernen vor allem aus ihren Erfahrungen. S-Typen beginnen eine Aufgabe am Anfang und gehen schrittweise vor. Sie schätzen Dinge, die klar und messbar sind. Sie sind gegenwartsbezogen und manchmal irritiert, wenn andere darüber reden, was denn alles möglich wäre.

N-Typen handeln intuitiv oder aufgrund einer Ahnung, ohne zu überprüfen, ob sich dieses Handlungsmuster schon einmal bewährt hat. Sie reden gern über Möglichkeiten. Sie sind zukunftsbezogen und tun sich schwer damit, die Umsetzung bis zum letzten Schritt nachzuverfolgen. Oftmals sind sie dann gelangweilt und vernachlässigen einzelne, manchmal aber entscheidende Details.

Auch hier gilt: Eine S-Führungskraft ist nicht besser oder schlechter als eine N-Führungskraft und umgekehrt. Vielmehr sollten Sie sich bewusst sein, welches Ihre Vorlieben sind und in welchen Situationen diese besonders gefragt sind. Wenn es darauf ankommt, einmal genau umgekehrt zu agieren, sollten Sie sich gut darauf vorbereiten oder Mitarbeiter hinzuziehen, die dies besser können als Sie. Ärgern Sie sich daher nicht über die „Andersartigkeit" Ihrer Mitarbeiter, sondern nutzen Sie diese Stärken gezielt.

Aspekte der Persönlichkeit

> **Übung**
>
> Überlegen Sie, in welcher Situation Sie sich über einen Mitarbeiter mit einer gegensätzlichen Wahrnehmungs-Präferenz (S oder N) geärgert haben und wie Sie in Zukunft produktiver miteinander umgehen können.

In der folgenden Checkliste finden Sie Anregungen, um bei Mitarbeitern Ihres Gegentypus besser Gehör zu finden.

Checkliste: Umgang mit dem Gegentypus S oder N

Tipps für S-Führungskräfte zum Umgang mit N-Mitarbeitern:	Tipps für N-Führungskräfte zum Umgang mit S-Mitarbeitern:
▪ Lernen Sie, Übersichten zu geben und Gesamtzusammenhänge darzustellen. ▪ Befassen Sie sich auch mit Ihnen unrealistisch oder verrückt erscheinenden Vorschlägen von Mitarbeitern. ▪ Geben Sie Handlungsspielräume beim Erledigen von Aufgaben. ▪ Zeigen Sie den Sinn und die Zukunftsperspektive von Maßnahmen auf.	▪ Fassen Sie Fragen nach Details und genauen Vorgehensweisen nicht sofort als nervend oder sogar als fachliche Inkompetenz auf. Informieren Sie Ihre Mitarbeiter ausführlich. ▪ Formulieren Sie Aufgabenstellungen exakt und ggf. auch mit Handlungsschritten. ▪ Überfordern Sie Ihre Mitarbeiter nicht mit zu vielen Veränderungen, erkennen Sie auch den Wert des Bewahrens von Bewährtem.

Wie entscheiden und bewerten Sie?

Analytisch (T) oder beziehungsorientiert (F)?

Erkennen Sie sich in folgender Situation?

Ein Mitarbeiter kommt zu Ihnen und berichtet, dass ein Kunde einen Auftrag außerhalb der vertraglich vereinbarten Frist storniert hat. Daraufhin wurde ihm von der Buchhaltung eine entsprechende Rechnung zugeschickt, über die er sich jetzt massiv bei Ihrem Mitarbeiter beschwert. Der Mitarbeiter ist sehr verunsichert und bittet Sie, die Stornorechnung zurücknehmen zu dürfen, um den Kunden zu halten. Sie lassen sich die Vertragsunterlagen zeigen, sichern sich kurz in der Rechtsabteilung ab und rufen den Kunden dann selbst an, um ihm mitzuteilen, dass die Rechnung rechtens ist. Allerdings signalisieren Sie Bereitschaft, ggf. bei einem erneuten Auftrag einen Teil davon zu verrechnen. Sie haben das gute Gefühl, betriebswirtschaftlich klug und konsequent gehandelt zu haben (deutet auf einen T-Typ hin).

Oder trifft folgende Situation besser auf Sie zu?

Sie werden Zeuge eines Telefongesprächs zwischen einem Kunden und einem Mitarbeiter. Es geht um die Stornierung eines Auftrags, offensichtlich außerhalb der Stornofrist. Sie hören dem Mitarbeiter zu und sind erstaunt, wie überzeugt er den Kunden immer wieder auf die vertragliche Rechtmäßigkeit der zugestellten Rechnung hinweist. Nachdem das Telefonat beendet ist, bitten Sie den Mitarbeiter zum Gespräch und erfragen zunächst einmal die Hintergründe. Sie betonen, wie wichtig Ihnen Kundenorientierung ist und dass der unternehmerische Erfolg maßgeblich von vertrauensvollen Beziehungen abhängt. Dann greifen Sie zum Hörer und teilen dem Kunden mit, dass die Rechnung zunächst storniert wird und Sie sich auf einen neuen Auftrag freuen. Dass der Mitarbeiter Ihre Entscheidung nicht nachvollziehen

Aspekte der Persönlichkeit

kann, erkennen Sie sehr wohl. In diesem Fall ist das für Sie aber zweitrangig. Man kann eben nicht alles über einen Kamm scheren (deutet auf einen F-Typ hin).

Sieht die Dinge von außen mit Distanz.   *Sieht die Dinge mit innerer Anteilnahme.*

Kritisiert aus dem Stand, findet sofort Fehler.   *Wertet spontan, übersieht manchmal Fehler.*

Kann gut analysieren.   *Kann gut Menschen verstehen.*

Wie entscheiden und bewerten Sie?

F-Typen erleben T-Typen als kühl und überheblich.

T-Typen erleben F-Typen als „kraus im Kopf" und emotional.

T-Typen sind in der Beurteilung von Dingen in der Regel eher unparteiisch und sachlich. Ihre Wertmaßstäbe beruhen auf Prinzipien und Grundsätzen. Ihre Analysen sind stark „kopf-gesteuert" und präzise. Sie lassen sich nur mit klaren, logisch nachvollziehbaren Argumenten überzeugen.

F-Typen dagegen fühlen sich sehr stark in andere hinein und überlegen, welche Auswirkungen ihre Aussagen auf andere im zwischenmenschlichen Bereich haben könnten. Sie sind sehr harmoniebedürftig. In der Regel haben sie eine große innere Anteilnahme. Die Beurteilung der Dinge entscheidet sich häufig aufgrund sozialer Werte. Für sie ist die Nähe zu anderen sehr wichtig. Sie lassen sich von anderen Menschen und deren jeweiligen individuellen Umständen eher überzeugen als T-Typen.

Wichtig ist, dass die getroffenen Entscheidungen nicht besser oder schlechter sind, nur weil sie auf Basis von Fakten bzw. auf Basis von persönlichen Überzeugungen getroffen wurden. Es kommt auf die Situation an!

Aspekte der Persönlichkeit

> **Übung**
>
> Überlegen Sie, welches Ihre ausgeprägte Stärke ist (T oder F), ob Sie Menschen mit der gegensätzlichen Präferenz kennen und wie Sie dies für eine bessere Entscheidungsfindung nutzen können.

In der folgenden Checkliste finden Sie Beispiele, wie Sie Gespräche mit Mitarbeitern Ihres Gegentypus konstruktiv gestalten können.

Checkliste: Umgang mit dem Gegentypus T oder F	
Tipps für T-Führungskräfte zum Umgang mit F-Mitarbeitern:	Tipps für N-Führungskräfte zum Umgang mit S-Mitarbeitern:
■ Loben Sie öfter, geben Sie persönliches Feedback in Verbindung mit persönlicher Wertschätzung. ■ Fragen Sie auch nach der Befindlichkeit von Mitarbeitern. ■ Achten Sie auf vorsichtige Äußerungen (Anspielungen) von Mitarbeitern, fragen Sie nach, versuchen Sie die Gefühle dahinter zu entdecken.	■ Fassen Sie kritische Äußerungen nicht automatisch als persönliche Kritik auf, sondern suchen Sie nach dem faktischen Kern (dem Verbesserungsvorschlag). ■ Sehen Sie in Konflikten das Entwicklungspotenzial. ■ Üben Sie klare, objektive, mit Fakten und Details unterlegte Kritik.

Welchen Lebensstil bevorzugen Sie?

Strukturiert (J) oder flexibel (P)?

Erkennen Sie sich in folgender Situation?

Sie wollen mir Ihrer Abteilung einen Teamworkshop außerhalb des Büros durchführen. Dafür liegen mehrere Angebote auf Ihrem Tisch. Die Organisation hatten Sie eigentlich an einen Mitarbeiter delegiert, aber der scheint damit nicht so recht in Schwung zu kommen und legt Ihnen ständig weitere Ideen auf den Tisch. Das macht Sie ungeduldig. Im heutigen Meeting soll endlich entschieden werden, wo der Workshop stattfindet und wie der konkrete Ablauf aussieht, damit alle entsprechend langfristig planen können. Pünktlich und wie immer bestens vorbereitet gehen Sie zum Meeting. Mit zwei Anrufern, die Sie auf dem Handy erreichen, vereinbaren Sie Rückrufe. Sie müssen nach der Sitzung erst prüfen, wann Sie Lücken im Terminplan haben. Im Meeting drängen Sie auf eine schnelle Entscheidung, damit endlich Klarheit herrscht (deutet auf J-Typ hin).

Oder trifft folgende Situation besser auf Sie zu?

Kurz vor dem Meeting blättern Sie schnell die beiden Angebote durch. Das reicht Ihnen aber noch nicht, um eine gute Entscheidung treffen zu können. Sie brechen zum Meeting auf, erledigen auf dem Weg spontan noch zwei Telefonate und kommen in letzter Minute an. Einige andere im Team wollen eine schnelle Entscheidung, doch Sie weisen darauf hin, dass Sie noch weitere Informationen zu den örtlichen Gegebenheiten brauchen. Außerdem hätten Sie gerne noch eine weitere Alternative, ggf. muss der Termin eben erneut verschoben werden. Schließlich soll der Workshop erfolgreich werden. Fragen nach dem genauen Ablauf gehen Sie aus dem Weg. Solche Workshops laufen sowieso immer anders ab als geplant. Und das ist aus Ihrer Sicht auch gut

Aspekte der Persönlichkeit

so. Eine zu detaillierte Planung engt viel zu sehr ein (deutet auf P-Typ hin).

Mag klare Abläufe und feste Routinen.

Mag Veränderungen und Vielfalt.

Bevorzugt ein geregeltes Leben.

Bevorzugt einen flexiblen Lebensstil.

Mag Abgeschlossenheit, beendet seine Aufgabe.

Bevorzugt Offenheit und genießt den Prozess als solchen.

Welchen Lebensstil bevorzugen Sie?

J-Typen erscheinen den P-Typen als zu eng und strukturiert. *P-Typen erscheinen den J-Typen als zu unordentlich und unorganisiert.*

J-Typen bevorzugen eine geregelte Arbeitsweise. Sie halten sich meist an vorgegebene Termine und planen im Voraus. Sie schätzen ihre Kapazitäten gut ein, und wenn sie sich dafür entschieden haben, eine Sache in die Hand zu nehmen, erledigen sie diese auch.

P-Typen bevorzugen eine flexible Arbeitsstruktur. Sie sind neugierig auf Überraschungen jeder Art und sehr offen für Veränderungen und Vielfalt. Vorgegebene Termine sind für sie grobe Orientierungen. P-Typen schätzen den Prozess als solchen.

In vielen Organisationen der westlichen Welt ist eine J-Präferenz die dominierende Kultur: Pünktlichkeit, schnelle Entscheidungen, durchorganisierter Arbeitsstil, Arbeit mit Planzahlen usw. Manche Menschen leben ihre P-Präferenz deshalb auch lieber im Privatleben aus. Hier kann man leichter auf spontane Absprachen reagieren, man muss im Hobby oder in der Freizeit auch nicht immer alles bis zum letzten i-Tüpfelchen zu Ende bringen, sondern kann sich ganz dem Prozess des Tuns hingeben.

Trotz der dominierenden J-Kultur in Unternehmen kann sich auch im beruflichen Kontext eine P-Präferenz positiv auswirken. Das schnelle Reagieren auf neue, ungewohnte Situationen ist gerade in Umbruch-Situationen sehr hilfreich.

Aspekte der Persönlichkeit

Wie bei allen vier Polaritäten dieser Typologie zeigt sich auch hier: Es gibt kein „besser" oder „schlechter", es gibt lediglich unterschiedliche Präferenzen, mit denen wir an die Dinge herangehen.

> **Übung**
>
> Überlegen Sie, ob Sie in Ihrem Arbeitsteam Unterschiede bei den einzelnen Mitarbeitern feststellen.
>
> Wer ist besonders flexibel, wer besonders gut durchorganisiert? Gibt es Spannungen aufgrund dieser Unterschiedlichkeit oder wird sie als sinnvolle Ergänzung wahrgenommen?

In der folgenden Checkliste erhalten Sie Tipps, um sich auf Gegentypen noch besser einstellen zu können.

Checkliste: Umgang mit dem Gegentypus J oder P	
Tipps für J-Führungskräfte zum Umgang mit P-Mitarbeitern:	Tipps für P-Führungskräfte zum Umgang mit J-Mitarbeitern:
■ Treffen Sie nicht zu schnell Entscheidungen, behalten Sie ein Maß an Flexibilität für unvorhergesehene Ereignisse. ■ Geben Sie bei Terminen einen gewissen Spielraum. ■ Kreativer Umgang mit Terminen und Regeln ist nicht unbedingt böser Wille, Schlamperei oder geringe Wertschätzung. Nutzen Sie diese Flexibilität für spontane Problemlösungen.	■ Werden Sie entscheidungsfreudiger. ■ Vereinbaren Sie mit Ihren Mitarbeitern wenige, aber wichtige Regeln und halten Sie diese auch selbst ein. ■ Entwickeln Sie eine für Mitarbeiter nachvollziehbare Ordnung. ■ Fixieren Sie wesentliche Termine, geben Sie Mitarbeitern einen zeitlichen Rahmen für Aufgaben.

Unterschiedliche Führungstypen

3

Kurzbeschreibungen 36
16 Führungstypen................ 36

Kurzbeschreibungen

Vielleicht haben Sie nun eine Vorstellung davon, in welchem der vier Pole Ihre Präferenzen liegen. Wenn Sie die vier Pole, gekennzeichnet mit jeweils einem Buchstaben, miteinander kombinieren, entsteht ein typisches psychisches Grundmuster, welches Ihre Führungspersönlichkeit wesentlich prägt.

Die folgenden Kurzbeschreibungen aller 16 möglichen Typen bieten nur einen schlagwortartigen Zugang zu der Typologie. Bei einer individuellen Anwendung des JPP erhalten Sie zusätzlich eine ausführliche Beschreibung und im Gespräch mit einem lizenzierten Berater weitere Hinweise und Entwicklungstipps.

16 Führungstypen

ISTJ

Ernsthaft, ruhig, konzentriert, gründlich, praktisch, ordentlich, sachlich, logisch, realistisch und zuverlässig. Achtet auf gute Organisation. Übernimmt Verantwortung. Entscheidet, was getan werden muss, und tut es – lässt sich weder durch Proteste noch durch Ablenkungen davon abbringen.

ISFJ

Ruhig, freundlich, verantwortungsbewusst, gewissenhaft, gründlich, sorgfältig und genau. Arbeitet engagiert, um seinen Verpflichtungen nachzukommen. Persönliche Beziehungen sind ihm wichtig. Für technische Dinge braucht er mehr Zeit, da dies nicht zu seinen Stärken gehört. Geduldig, wenn es um Details und Routine geht. Loyal, rücksichtsvoll; kümmert sich um persönliche Anliegen der anderen.

INFJ

Erfolgreich durch Ausdauer, Originalität und den Wunsch, alles zu tun, was von ihm verlangt wird. Für seine Arbeit gibt er sein Bestes. Unaufdringlich, aber bestimmt; gewissenhaft, kümmert sich um die Belange anderer. Geschätzt wegen seiner Prinzipientreue. Ansehen und Mitarbeit erreicht er aufgrund seiner klaren Überzeugungen, wie man dem Gemeinwohl dient.

INTJ

Origineller Denker mit großem Antrieb, wenn es um seine eigenen Ideen und Ziele geht. Auf Gebieten, die ihm liegen, kann er gut organisieren und etwas durchführen – mit und ohne Unterstützung. Skeptisch, kritisch, unabhängig, entschlossen, oft stur. Muss lernen, weniger wichtige Dinge um der größeren Sache willen aufzugeben.

ISTP

Kühler Beobachter, ruhig, zurückhaltend. Analysiert seine Umgebung mit zurückhaltender Neugier und äußert sich spontan mit originellem Humor. Gewöhnlich Interesse für unpersönliche Vorgänge, Ursache und Wirkung oder wie und warum Geräte funktionieren. Verausgabt sich nur so weit wie notwendig, weil Energieverschwendung ineffizient ist.

ISFP

Zurückhaltend, unauffällig, freundlich, sensibel, bescheiden im Urteil über eigene Fähigkeiten. Scheut Auseinandersetzungen, drängt sich mit seiner Meinung nicht auf. Führt meist nicht, ist aber ein loyaler Mitarbeiter. Lässt sich nicht drängen, wenn es darum geht, Dinge zu erledigen, weil er den Moment genießt und sich nichts durch unnötige Hast oder Anstrengungen verderben lassen will.

Unterschiedliche Führungstypen

INFP

Enthusiastisch und loyal – spricht davon aber erst, wenn er jemanden gut kennt. Legt großen Wert auf Weiterbildung, Ideen, Sprache und seine eigenen Projekte. Neigt dazu, sich zu viel vorzunehmen, beendet jedoch, was er einmal angefangen hat. Freundlich, aber manchmal zu sehr in sich selbst versunken; verpasst deshalb Geselligkeiten und nimmt seine Umgebung nicht wahr.

INTP

Ruhig, zurückhaltend, schneidet in Examen gut ab, besonders in theoretischen und wissenschaftlichen Fächern. Logisch bis zur Grenze der Haarspalterei. Interessiert sich hauptsächlich für Ideen. Kein Freund von Parties oder unverbindlichem Geplauder. Scharf abgegrenzte Interessen. Muss eine berufliche Laufbahn wählen, in der er einige seiner starken Interessen pflegen und nutzbringend anwenden kann.

ESTP

Sachlich, gemäß dem Motto „Eile mit Weile", sorglos. Ist zufrieden mit dem, was gerade da ist. Mag mechanische Geräte und Sport – und die Freude dabei. Manchmal zu direkt oder unsensibel. Beschäftigt sich mit Mathematik und Naturwissenschaft, wenn er es für notwendig ansieht. Mag keine langen Erklärungen. Am besten sind praktische Dinge, die man anfassen, auseinandernehmen und wieder zusammensetzen kann.

ESFP

Aufgeschlossen, umgänglich, entgegenkommend, freundlich, begeistert sich, wenn etwas los ist. Mag Sport und bastelt gern. Weiß, wann und wo etwas los ist und ist sofort „mit von der Partie". Hat eher ein Gedächtnis für Fakten als für Theorien. Handelt am besten in Situationen, die praktische Vernunft und praktische Fähigkeiten verlangen – mit Menschen oder Dingen.

ENFP

Begeisterungsfähig, hochgradig motiviert, geistreich, phantasievoll. Fähig, alles zu tun, was ihn interessiert. Hat in einer schwierigen Situation schnell eine Lösung parat und ist bereit, jedem bei einem Problem zu helfen. Verlässt sich oft auf sein Improvisationstalent, statt sich rechtzeitig vorzubereiten. Kann immer triftige Gründe für das finden, was er will.

ENTP

Schnell, geistreich, gut auf vielen Gebieten. Wirkt stimulierend auf andere, wach und offen. Nimmt aus Spaß auch mal die Gegenposition eines Argumentes ein. Geschickt bei der Lösung von schwierigen Problemen, nachlässig jedoch, wenn es um Routinearbeit geht. Wendet sich immer wieder neuen Interessen zu. Kann immer eine logische Begründung finden für das, was er will.

ESTJ

Praktisch, realistisch, sachlich, hat ein natürliches Talent fürs Geschäft oder für Technik. Nicht interessiert an Dingen ohne unmittelbare Nutzanwendung, kann sich aber, wenn nötig, hineinfinden. Findet Gefallen an Organisation und managt gern Veranstaltungen. Sorgt für einen guten Ablauf, besonders dann, wenn er nicht vergisst, auf die persönlichen Ansichten der anderen Rücksicht zu nehmen, wenn er Entscheidungen trifft.

ESFJ

Warmherzig, redselig, beliebt, gewissenhaft, geborener Teamer, aktives Mitglied im Ausschuss oder Verein. Tut stets etwas Nettes für andere. Arbeitet am besten, wenn man ihn ermutigt und lobt. Kein Interesse an abstrakten Gedanken oder technischen Fächern. Hauptinteresse an solchen Dingen, die direkt und offensichtlich etwas mit anderen Menschen zu tun haben.

Unterschiedliche Führungstypen

ENFJ

Zugänglich und verantwortungsbewusst, legt Wert auf anderer Leute Meinung und Wünsche und versucht, die persönlichen Gefühle der anderen zu berücksichtigen. Kann einen Vorschlag einbringen oder eine Diskussion mit Umsicht und Takt leiten. Aufgeschlossen, beliebt, beteiligt sich an Aktivitäten außerhalb der regulären Arbeitszeit, findet aber genug Zeit, sein Pflichtpensum zu erledigen.

ENTJ

Kernig, offen, kann gut lernen, führt gern. Sehr gut im analytischen Denken und wenn es auf intelligente Argumentation oder kluge Rede ankommt. Ist gut informiert und pflegt seinen Wissensstand. Manchmal zu selbstsicher – auch in Bereichen, in denen er nur wenig Expertise besitzt.

Natürlich spiegelt das nur einen Teil Ihrer Persönlichkeit wider. Hinzu kommen u. a. Ihre Fähigkeiten, Ihre Intelligenz, Ihre Gefühle sowie Erfahrungen, die aus jedem Menschen ein Individuum machen. Doch diese Typologie beschreibt Grundmuster, die für das Führungsverhalten, für die Zusammenarbeit zwischen Menschen und für die Gesprächsführung wesentlich sind. Aus diesem Grund lohnt sich eine intensive Auseinandersetzung damit.

Kommunikation und Typologie 4

Typologische Gesprächsvorbereitung 42

Wie überzeugen Sie? 44

In Mitarbeitergesprächen Probleme lösen. 46

Als Führungskraft sind Sie auf Kommunikation angewiesen. Wenn Sie genau wissen, wo Ihre Präferenzen liegen, lassen sich Missverständnisse und Spannungen in der Kommunikation mit anderen minimieren. Wenn Sie dann noch die „Wellenlänge" des Mitarbeiters erkennen, auf der dieser „funkt", können Sie Gespräche effektiv steuern.

Typologische Gesprächsvorbereitung

Gespräche mit Mitarbeitern, die ganz anders „ticken" als Sie, sind besonders anfällig für Missverständnisse. In der folgenden Checkliste erhalten Sie Anregungen, um sich auf Mitarbeiter einzustellen, die andere Präferenzen in der Wahrnehmung und Beurteilung haben als Sie selbst.

Checkliste: Sich auf den Gesprächspartner einstellen	
Wenn Ihr Mitarbeiter ein S-Typ ist (Wahrnehmung über die fünf Sinne):	**Wenn Ihr Mitarbeiter ein N-Typ ist (intuitive Wahrnehmung):**
■ Welche Erfahrungen kann man heranziehen? ■ Welche beobachtbaren und verifizierbaren Faktoren gibt es? ■ Wie lautet die exakte Beschreibung der Situation? ■ Was würde ein außenstehender Beobachter dazu sagen? ■ Gibt es unausgesprochene Voraussetzungen?	■ Worauf beziehen sich die Daten? ■ Was sind mögliche Interpretationen der Fakten? ■ Welche Tendenzen ergeben sich daraus? ■ Welches sind die sich ergebenden Handlungsmöglichkeiten? ■ An welche anderen Situationen erinnert das?

Typologische Gesprächsvorbereitung

Fortsetzung: Checkliste: Sich auf den Gesprächspartner einstellen

Wenn Ihr Mitarbeiter ein T-Typ ist (analytische Beurteilung):	**Wenn Ihr Mitarbeiter ein F-Typ ist (wertorientierte Beurteilung):**
■ Was sind die logischen Konsequenzen? ■ Was spricht dafür, was dagegen? ■ Was ist das Ziel? ■ Was ist die effizienteste Lösung? ■ Wie sieht die Kosten-Nutzen-Rechnung aus?	■ Welche Werte spielen mit hinein? ■ Gibt es Ausnahmen, die berücksichtigt werden sollen? ■ Was sind vermutlich die Reaktionen der betroffenen Personen? ■ Was ist der Aufwand für mich und der für die Gruppe?

Wie sich unterschiedliche Präferenzen auf die Kommunikation zweier Gesprächspartner auswirken können, zeigt folgendes Beispiel.

Beispiel:

Zwei analytisch urteilende Menschen (T-Typen) können sich sehr lange und streitig auseinandersetzen. Aber die Art und Weise, in der dies geschieht, weist auf die Entscheidungsmuster hin.

T-Typen setzen eher auf Sach-Argumente, durchdringen eine Sache analytisch und wägen die Argumente gegeneinander ab. Sie streiten auf der gleichen Ebene und vertragen sich hinterher möglicherweise wieder ziemlich schnell, weil beide diese Ebene akzeptieren.

Sollte jedoch einer der beiden Gesprächspartner neben der T-Präferenz die Wahrnehmung über die fünf Sinne bevorzugen (S-Typ) und der andere die intuitive Wahrnehmung (N-Typ), ergeben sich hierdurch unterschiedliche Vorlieben in

Kommunikation und Typologie

der Gesprächsführung. Während der ST-Typ (Kombination aus S- und T-Präferenz) seine Argumente tendenziell eher an der Nützlichkeit und Umsetzbarkeit ausrichtet, möchte der NT-Typ (Kombination aus N- und T-Präferenz) die grundsätzliche Strategie und die dahinterliegende Theorie diskutieren.

Wie überzeugen Sie?

Wenn Sie sich im Gespräch besonders gut auf Ihre Mitarbeiter einstellen, lassen sich Missverständnisse vermeiden und die Akzeptanz kann sich verbessern. Darüber hinaus können Sie auch eher überzeugen, wenn Sie Ihre Argumentation auf die Typologie des Mitarbeiters einstellen. In der folgenden Darstellung sind jeweils zwei Pole des JPP miteinander kombiniert; dadurch entstehen vier Grundtypen (ST, SF, NT und NF). Diese weisen typische spezifische Argumentationsvorlieben auf. Anhand der Checkliste können Sie überprüfen, ob Sie alle Argumentationsmuster beherrschen.

Checkliste: Typologische Argumentationsmuster

ST-Mitarbeiter überzeugen	SF-Mitarbeiter überzeugen
■ Zeigen Sie konkrete Beweise, dass eine Sache funktioniert.	■ Zeigen Sie auf, welchen persönlichen Nutzen Ihre Mitarbeiter und die Kollegen davon haben werden.
■ Stellen Sie dar, wie damit Geld und Zeit gespart wird. Verbessert sich dadruch das Kosten-Nutzen-Verhältnis?	
	■ Geben Sie Beispiele von Dritten (z. B. Kollegen), die die Sache bereits angewendet haben oder Erfahrungen damit gemacht haben.
■ Zeigen Sie nicht nur die allgemeinen Vorteile auf, sondern die spezifischen Vorteile im Detail.	
	■ Laden Sie Kollegen des Mitarbeiters ein, die einen persönlichen Bericht geben können.
■ Stellen Sie die konkreten Anwendungen vor, lassen Sie	

Wie überzeugen Sie?

Fortsetzung: Checkliste: Typologische Argumentationsmuster

Ihren Mitarbeiter testen, damit er sich ein eigenes Bild verschaffen kann. ■ Lassen Sie sich Zeit und üben Sie sich in Geduld, um jede Einzelfrage zu beantworten.	■ Zeigen Sie die persönliche Wertschätzung, die mit dieser Sache verbunden ist. ■ Setzen Sie die Idee oder das Thema in einen persönlichen Kontext.
NT-Mitarbeiter überzeugen ■ Diskutieren Sie die konzeptionellen, theoretischen Überlegungen, die hinter der Sache stecken. ■ Stellen Sie die Forschungsgrundlagen dar, auf denen das Thema beruht. ■ Zeigen Sie auf, wie das Thema in eine Gesamt-Strategie eingebettet ist. ■ Stellen Sie dar, welche weitreichenden und neuen Möglichkeiten sich bei der Umsetzung ergeben. ■ Bieten Sie seriöse Quellen, die nachprüfbar und verlässlich sind.	**NF-Mitarbeiter überzeugen** ■ Zeigen Sie auf, wie sich das ganze Team mit dieser Idee weiterentwickeln kann und neuer Schwung in die Abteilung kommt. ■ Machen Sie den Sinn deutlich, knüpfen Sie an Wertvorstellungen des Mitarbeiters an. ■ Zeigen Sie Ihre eigene Begeisterung, machen Sie deutlich, dass Sie davon inspiriert sind und dass es auch anderen „Spaß" bringen kann. ■ Zeigen Sie, auf welche Stärken und Begabungen im Team Sie setzen und dass Sie alle dabei mitnehmen. ■ Beziehen Sie die Kreativität des Mitarbeiters mit ein.

Denken Sie immer daran, dass S-Typen Tatsachen wichtiger nehmen als Möglichkeiten; sie bevorzugen zunächst eine klare Problemdarstellung. N-Typen dagegen werden zuerst von den vielen interessanten Optionen angelockt, die ihnen eine neue Situation eröffnet.

Kommunikation und Typologie

Für T-Typen sollte jede Äußerung in einen logischen Zusammenhang passen; sie werden schnell ungeduldig, sollten sie das schlüssige Prinzip nicht erkennen. F-Typen dagegen achten eher darauf, inwieweit sich in den Themen positive Auswirkungen auf Menschen widerspiegeln und ob sie subjektiv ein gutes Gefühl dabei haben.

> **Praxis-Tipp:**
> Versuchen Sie, Probleme aus der Sichtweise der unterschiedlichen Präferenz-Pole heraus darzustellen. So lassen sich leichter Kompromisse finden.

> **Übung**
> Überlegen Sie sich ein Thema, für das Sie sich in letzter Zeit engagiert haben. Beschreiben Sie Ihre Meinung einmal aus Ihrer eigenen spezifischen Präferenz heraus (ST, SF, NF oder NT). Im Anschluss daran beschreiben Sie die gleiche Meinung ein zweites Mal aus der gegensätzlichen Präferenz heraus (aus dem NF heraus, falls Sie selbst eine ST-Präferenz haben, und umgekehrt aus dem NT heraus, falls Sie selbst eine SF-Präferenz haben). Am besten, Sie bitten eine gute Freundin/einen guten Freund, bei beiden Varianten zuzuhören und Ihnen hinterher Feedback zu geben.
> Welche Formulierungen haben Sie jeweils gewählt? Auf welche haben Sie bewusst verzichtet und weshalb?

In Mitarbeitergesprächen Probleme lösen

Wenn Sie gemeinsam mit Ihrem Team ein Problem lösen wollen, hilft es, alle Präferenz-Pole einzubeziehen. Denn um in komplexen Situationen eine besonders gute Lösung zu finden, müssen alle Perspektiven berücksichtigt werden. Von welcher Perspektive aus Sie dabei starten, bleibt Ihnen überlassen.

In Mitarbeitergesprächen Probleme lösen

Vier Schritte für eine bessere Problemlösung

S	N
■ Fakten sammeln ■ Daten kategorisieren ■ Informationen definieren ■ „Wie beschreiben Sie die Situation?" ■ „Was hat zu dieser Situation geführt?" ■ „Was sagen die Fakten?"	■ Möglichkeiten und Ideen suchen ■ Alternativen formulieren ■ Zukunft beschreiben und die Daten in Zusammenhänge bringen ■ „Welche alternativen Handlungsmöglichkeiten haben wir?" ■ „Wie wird sich die Zukunft entwickeln und wie können wir darauf reagieren?" ■ „Was bedeutet das für uns oder für das übergeordnete Thema?"
T	F
■ Möglichkeiten analysieren ■ Vorschläge bewerten ■ Entscheidungen auf der Basis nachvollziehbarer Begründungen treffen ■ „Welche Kriterien haben wir bisher berücksichtigt, was außer Acht gelassen?" ■ „Wie lassen sich die Vorschläge, Vorgehensweisen oder Ideen bewerten?" ■ „Welchen Vorschlag wollen wir umsetzen?"	■ Die Wirkung auf die Betroffenen prüfen ■ Emotionale Aspekte berücksichtigen ■ Interessen, Werte und Meinungen der Beteiligten mit einbeziehen ■ „Wie können wir die Betroffenen mitnehmen oder beteiligen?" ■ „Welche Gefühle wird das hervorrufen und wie können wir darauf reagieren?" ■ „Welche Kompromisse sollten wir machen, welche Interessen noch besser bedienen?"

Kommunikation und Typologie

Wenn Sie bei komplexen Aufgaben oder bei der Lösung von Problemen alle vier Perspektiven berücksichtigen, haben Sie große Chancen, gute Ideen zu entwickeln. Dazu ist es nötig, dass sich jeder aus Ihrem Team an der Stelle einbringt, an der seine individuelle Stärke gefragt ist. Achten Sie darauf, dass die Stärken der Mitarbeiter auch wirklich zum Zug kommen, insbesondere falls diese in der Minderheit sind. Manchmal werden beispielsweise kreative Ideen von N-Typen sofort von S-Typen ausgebremst. Oder N-Typen stoppen jede Auseinandersetzung mit den Daten, weil ihnen das zu langweilig ist. Lassen Sie als Führungskraft alle Perspektiven zu, insbesondere auch diejenigen, die nicht Ihrer eigenen Präferenz entsprechen.

Den eigenen Führungstypus entwickeln 5

Führungskompezenzen kennen und weiterentwickeln 50

Die vier Führungsgrundtypen 50

Missverständnisse in der Führung ... 52

Entgegen der eigenen Präferenz handeln 53

Führungskompetenzen kennen und weiterentwickeln

Jeder Mensch hat grundlegende psychologische Verhaltensmuster, auch eine Führungskraft. Dies ist aber keine Zwangsjacke, sondern vielmehr Ausdruck der individuellen Persönlichkeit, die wir ausdifferenzieren und weiterentwickeln können. Die Kenntnis des eigenen individuellen Führungstypus hilft uns, über den Tellerrand der eigenen psychologischen Muster zu blicken und die eigenen Führungskompetenzen für die Anforderungen heutiger Organisationen weiterzuentwickeln. Die Abbildung beschreibt vier typische Führungsstile und gibt Anregungen zur Weiterentwicklung.

Die vier Führungsgrundtypen

Führungsstil	ST-Führungskraft
Beschreibung	■ Sind Sie praktisch orientiert und legen Sie Wert auf die Funktionsfähigkeit der Organisation? ■ Können Sie Entscheidungen sachlich und losgelöst von der Person treffen? ■ Sind Sie in der Regel an der Gegenwart orientiert? ■ Setzen Sie Projekte präzise um?
Anregung	Wenn Sie lernen, Ihre kreativen Anteile zu fördern und den Blick auf die emotionalen Komponenten von Entscheidungen zu richten, können Sie Ihre Wirkung verbessern.
Führungsstil	SF-Führungskraft
Beschreibung	■ Legen Sie Wert auf eine gute Beziehung zu den einzelnen Mitarbeitern? ■ Achten Sie darauf, deren Bedürfnisse zu berücksichtigen, damit jeder Einzelne mehr Leistung bringen kann?

Die vier Führungsgrundtypen

Fortsetzung: Die vier Führungsgrundtypen

	■ Sorgen Sie für eine hohe Bindung und Loyalität?
	■ Können Sie Einzelne von einer Sache überzeugen?
Anregung	Indem Sie den Blick auch auf das Ganze richten und in Einzelfällen mit mehr Konsequenz an einer Linie festhalten, können Sie noch effektiver handeln.
Führungsstil Beschreibung	**NT-Führungskraft** ■ Denken Sie am liebsten in großen Zusammenhängen? ■ Treffen Sie Entscheidungen aufgrund übergeordneter rationaler Prinzipien? ■ Kümmern Sie sich häufig um Strategien? ■ Erwarten Sie logische Konzepte, klare Argumente und Kompetenz in der Diskussion?
Anregung	Sie können Ihre Wirkung verbessern, indem Sie auf Einzelbedürfnisse reagieren und bei der Umsetzung von Maßnahmen mehr Geduld bei den Details aufbringen.
Führungsstil Beschreibung	**NF-Führungskraft** ■ Entscheiden Sie besonders gern auf der Basis Ihrer individuellen Überzeugungen? ■ Sind Sie innovativ? ■ Achten Sie auf Authentizität und können Gruppen mitziehen? ■ Delegieren Sie oft, ohne sich sehr stark mit Details zu beschäftigen?
Anregung	Die Konzentration auf höhere Präzision und eine stärkere emotionale Distanz, verbunden mit klaren sachlogischen Argumenten, kann Ihr Führungsverhalten verbessern.

Den eigenen Führungstypus entwickeln

Wenn Sie die unterschiedlichen Präferenzen Ihrer Mitarbeiter berücksichtigen, können Sie noch erfolgreicher führen. Sie vermeiden Missverständnisse und fördern Akzeptanz.

Missverständnisse in der Führung

Eine **NF-Führungskraft** stellt erste unverbindliche Ideen vor und erläutert dazu einige Zusammenhänge, ohne auf die Umsetzung oder Details einzugehen.	Ein **ST-Mitarbeiter** denkt: „Der schwafelt nur rum und gibt keine konkrete Anweisung. Keiner weiß jetzt, was zu tun ist."
Eine **ST-Führungskraft** stellt eine detaillierte Checkliste auf und erläutert jeden Arbeitsschritt einzeln und ausführlich.	Ein **NF-Mitarbeiter** denkt: „Wir machen das hier jeden Tag und wissen viel besser, wie die Arbeitsschritte abzuleisten sind. Der hält uns wohl für dumm. So macht das überhaupt keinen Sinn."
Eine **SF-Führungskraft** lobt die gute Arbeit und die große Anstrengung der einzelnen Mitarbeiter bei einem Schlüssel-Projekt.	Eine **NT-Mitarbeiterin** denkt: „Der hat die kritischen Punkte gar nicht erfasst. Er sollte viel stärker die Probleme bei der Verknüpfung mit den anderen Schlüssel-Projekten herausarbeiten. So wird das doch nie was."
Eine **NF-Führungskraft** formuliert deutliche Kritik an der letzten Projektumsetzung und zeigt die Zusammenhänge mit der strategischen Herausforderung des Unternehmens auf.	Eine **SF-Mitarbeiterin** denkt: „Der hat sich nie darum gekümmert, wie es hier konkret läuft und was wir jeden Tag tun, um die Kundenreklamationen abzufedern. Der sollte doch lieber selbst mal mit den Kunden reden, statt so kluge Sprüche zu machen."

Entgegen der eigenen Präferenz handeln

Sich seiner Präferenzen bewusst zu sein hilft, die Rolle der Führung aktiv anzunehmen und zu gestalten. Zudem gibt es Situationen, in denen Ihre bevorzugte Präferenz nicht die optimale ist. Sie müssen in diesen Situationen sogar entgegen Ihrer eigenen bevorzugten Präferenz handeln.

Nehmen wir zum Beispiel die verschiedenen Phasen eines Projekts:

- Es gibt eine Phase, in der es gut ist, die Fakten zusammenzutragen, Arbeitspläne zu erstellen und die Aufgaben zu definieren (ST-Stärke).

- Dann gibt es Phasen, in denen es wichtig ist, die Einzel-Interessen zu integrieren, für einen Ausgleich zu sorgen und dies mit den einzelnen Beteiligten auszuhandeln (SF-Stärke).

- Falls sich das ganze Projekt im „Klein-Klein" verzettelt und sich manche an nebensächlichen Punkten festbeißen, ist es gut, die große Linie zu beschreiben. Die gesamte Gruppe muss mit neuer schöpferischer Energie mitgerissen, die langfristige Perspektive muss herausgearbeitet werden (NF-Stärke).

- Schließlich gibt es eine Phase, in der das Projekt selbstbewusst und konzeptionell gegen Widerstände verteidigt werden muss. Es bedarf einer sauberen Erfolgsdokumentation, der richtigen Analyse zur Auswertung und es muss eine neue Option für die Weiterentwicklung gefunden werden (NT-Stärke).

Natürlich hilft es, bei solch komplexen Anforderungen die unterschiedlichen Stärken im Team zu nutzen. Doch Sie als Führungskraft müssen trotzdem darauf achten, mit Ihrer Präferenz nicht alle Situationen zu dominieren. Dies gilt insbesondere, wenn eine andere Präferenz die bessere Ausgangsbasis darstellt. Deshalb lohnt es sich, auch auf die anderen Führungsstile zu schauen und diese bewusst in das eigene Handlungsrepertoire mit aufzunehmen.

Den eigenen Führungstypus entwickeln

> **Übung**
>
> Stellen Sie sich eine konkrete Führungssituation vor, in der eine andere als Ihre eigene Präferenz die günstigere für ein erfolgreiches Führungshandeln ist. Überlegen Sie, wie Sie vorgehen können. Prüfen Sie dabei erstens die Möglichkeiten der Kooperation und Einbeziehung anderer. Und prüfen Sie zweitens, welche Handlungsoptionen Sie zusätzlich nutzen könnten.

So gestalte ich …, wenn ich will 6

Unterschiedliche Haltungen von
Führungskräften 56

Haltung zur eigenen Autorität 57

Unterschiedliche Haltungen von Führungskräften

Die psychologischen Präferenzen in Wahrnehmung und Beurteilung führen zu spezifischen Vorlieben im Führungsverhalten. Aber: Das Verhalten von Führungskräften lässt sich nicht nur mittels psychologischer Muster erklären. Auch die Einstellung zur Führungsaufgabe prägt das Verhalten entscheidend.

Herausforderungen im Führungsalltag werden abhängig von der Einstellung zur Führungsaufgabe unterschiedlich umgesetzt. Diese Unterschiedlichkeit in der Einstellung oder Haltung zur Führungsaufgabe illustrieren beispielhaft folgende Aussagen.

- „Ich weiß, was in Konflikten wichtig ist. Ich gebe meinen Mitarbeitern eindeutige Lösungen vor."

- „Mir hat es in der Vergangenheit meist geholfen, die Perspektiven von Führungskräften und anderen Mitarbeitern zu verstehen. Dann haben wir gemeinsam nach einer guten Lösung gesucht. Wenn sich jeder einbringt, kommen unerwartet gute Ergebnisse zustande."

- „Wichtig ist doch einzig, was rauskommt dabei: Es muss mir und meinem Team Gewinn bringen."

- „Ich habe aufgegeben, mir Illusionen zu machen. Entscheidungen werden getroffen – ob ich nun groß mitmische oder nicht."

Das breite Spektrum von Meinungsäußerungen zur Führung lässt sich u. a. mit den unterschiedlichen Haltungen von Führungskräften erklären, die sie zu ihren Führungsherausforderungen einnehmen.

Haltung zur eigenen Autorität

Haltungen sind für unser Handeln grundlegend: Sie beschreiben die Tendenz, Situationen in einer bestimmten Art und Weise zu bewerten. Eine Haltung beeinflusst das Verhalten in der jeweiligen Situation. Haltungen bilden somit neben den psychologischen Grundmustern die Basis für unser Handeln. Haltungen lassen sich auf drei Ebenen wiederfinden:

- Kognitive Ebene (bewusste Inhalte): z. B. eine konkrete Meinung zu dem Verhalten eines Mitarbeiters

- Affektive Ebene (gefühlsmäßige Bewertung): z. B. die Sympathie für eine Person oder das Vertrauen in eine Situation

- Konative Ebene (sichtbare Reaktion): z. B. eine konkrete Handlung, die aufgrund eines Mitarbeiterverhaltens als Reaktion gezeigt wird[6]

Für Ihr Führungsverhalten spielt Ihre Haltung zu Ihrer eigenen Autorität und zu Ihrer Verantwortung, die mit Führung verbunden ist, eine grundlegende Rolle. Diese Haltung hat Einfluss auf Ihr Führungsverhalten und führt zu positiven oder negativen Ergebnissen. Wenn Sie als Führungskraft erfolgreich sein wollen, sollten Sie Ihre Haltung zu „Autorität" und „Verantwortung" überprüfen.[7]

---

[6] Vgl. Banaji, M.R./Heiphetz, L. (5th Edition 2010): Attitudes. In: Fiske, S.T./Gilbert, D.T./Lindzey, G. (Hrsg.): Handbook of Social Psychology, S. 353–393

[7] Mithilfe des Instruments „Matrix for the Development of Attitude" (MDA) können Sie Ihre Haltung zu Autorität und Verantwortung analysieren. Die MDA ist ein Instrument im Rahmen des Power-Potential-Profile® der flow consulting gmbh, s. dazu im Anhang.

Was heißt Führungsautorität? 7

Unsere Einstellung zur Führungs-
aufgabe 60
Selbstwert...................... 62
Unabhängigkeit 64
Durchsetzungsvermögen 67

Unsere Einstellung zur Führungsaufgabe

Autorität resultiert nicht automatisch aus der Funktion oder der Rolle, die eine Person ausübt. Denn unabhängig von der formalen Position, die eine Person in einer Organisation innehat, handeln einige Menschen mit größerer Autorität als andere, sie bekommen mehr Autorität zugesprochen (oder weniger).

Unsere innere Haltung – d. h. wie wir zu unseren Fähigkeiten und zu unserem Wissen stehen – variiert. Sie ist von Person zu Person unterschiedlich. Sie kann sich aber auch innerhalb einer Person von Zeit zu Zeit verändern, abhängig von den Rahmenbedingungen und aktuellen Anforderungen an unsere Führungsaufgabe. Wie entsteht nun diese Haltung und wie verändert sie sich?

Unsere Einstellung oder Haltung zur Führungsaufgabe wird u. a. von den eigenen Erfahrungen mit Führung beeinflusst. Das kann sowohl die Beobachtung von mehr oder weniger erfolgreichen Führungskräften sein als auch die eigene positive oder negative Erfahrung mit führungsnahen Aufgaben. Unsere Haltung wird außerdem davon beeinflusst, wie andere auf unser Führungsverhalten reagieren, welche Erfolge und Misserfolge wir selbst erzielt und wie wir diese verarbeitet und „gedeutet" haben.

Entwicklung der Haltung

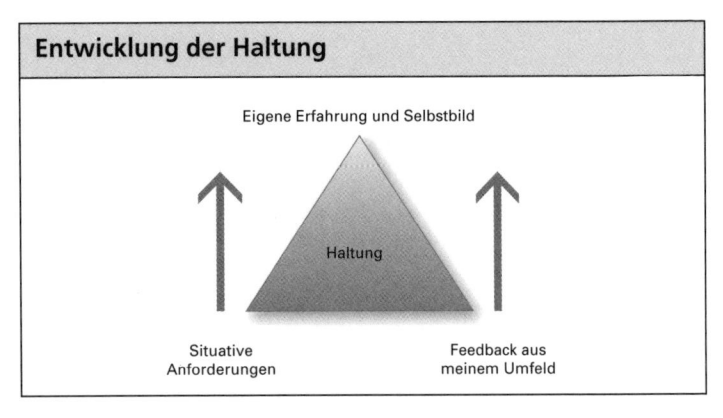

Eigene Erfahrung und Selbstbild

Haltung

Situative Anforderungen

Feedback aus meinem Umfeld

Unsere Einstellung zur Führungsaufgabe

Sehen wir uns dazu eine beispielhafte Situation von Führungskräften an:

> **Beispiel:**
>
> Herr Müller ist Produktionsleiter und nimmt an einer Besprechung über die zukünftige Strategie des Geschäftsbereichs teil. Mit ihm sind Kollegen aus dem Qualitätsmanagement, dem Vertrieb, sein direkter Vorgesetzter und Vertreter der Konzernzentrale anwesend. Es kommt im Verlauf der Diskussion zu einem strittigen Punkt zwischen ihm und dem Vertriebskollegen. Aus der Sicht von Herrn Müller wird die Umsetzung der ehrgeizigen Vertriebsziele zu schwerwiegenden Problemen in der Produktion führen, da die vom Vertrieb umzusetzende Strategie der „Marktflexibilität" mit den vorhandenen Ressourcen in der Produktion nicht zu realisieren ist. In der Vergangenheit hat Herr Müller die Erfahrung gemacht, dass seine Perspektive in diesem Kreis nur unzureichend Gehör fand, er in der Folge bei Praxisproblemen, die sich aus Entscheidungen dieses Gremiums ergaben, allein dastand und wenig Unterstützung erfuhr. Wie soll er sich heute verhalten?

Zwei unterschiedliche Gedanken könnten ihm während der Besprechung durch den Kopf gehen, beide Gedanken stehen für eine bestimmte Haltung zu seiner Führungsaufgabe:

Haltung A: „Eine Auseinandersetzung ist anstrengend und führt in der Regel zu nichts. Ich sollte einen Konflikt auf jeden Fall vermeiden. Meine Bedenken äußere ich am besten vorsichtig und weise nicht zu deutlich auf die negativen Folgen der Vertriebsstrategie für den Produktionsbereich hin. So kann ich der anstrengenden Diskussion mit den anderen aus dem Weg gehen – manche Probleme muss man einfach aussitzen. Verkaufen können die anderen nur das, was wir hier produzieren."

Was heißt Führungsautorität?

Haltung B: „Die Auseinandersetzung in dieser Runde ist anstrengend. Dennoch muss ich deutlich auf die Auswirkungen der Vertriebsstrategie für die Produktion hinweisen. Wenn ich mein Wissen um die Auswirkungen erläutere und mich dafür einsetze, dass diese Bedenken lösungsorientiert diskutiert werden, kann es zwar richtig anstrengend werden, eine Lösung zu finden, aber ich werde alles daran setzen, diesmal nicht klein beizugeben."

Je nachdem, welche Haltung Herr Müller einnimmt, wird sein Verhalten in der Besprechung eine andere Richtung nehmen; er wird sich anders einbringen, die Äußerungen der anderen Beteiligten unterschiedlich interpretieren, sich entsprechend äußern und im Gegenzug unterschiedliche Reaktionen auslösen.

Die Haltung von Personen zu ihrer Autorität lässt sich mit den drei folgenden Faktoren näher erläutern:

- Selbstwert
- Unabhängigkeit
- Durchsetzung

Jeder dieser drei Faktoren beeinflusst unser Verhalten und prägt damit unsere Autorität. Jeden dieser drei Faktoren stellen wir nun im Einzelnen kurz vor.

Selbstwert

Der Faktor Selbstwert beschreibt, wie Sie zu sich selbst und zu Ihrer Leistungsfähigkeit stehen. Er umfasst das Selbstwertgefühl und die Selbstwirksamkeit. Die Einschätzung des Selbstwerts erfolgt im Vergleich zu den Anforderungen, vor denen Sie stehen. Da die Anforderungen für Führungskräfte in unserem Berufsleben häufig wechseln, wird unser Selbstwertgefühl immer wieder von

Selbstwert

Neuem auf die Probe gestellt. Ein hohes Selbstwertgefühl lässt sich daher nicht automatisch auf eine neue Situation übertragen, es muss unter den neuen Umständen häufig von Grund auf erarbeitet werden.

Beispiel:

Frau Meier war bisher Teamleiterin eines kleinen Teams mit drei Mitarbeitern. Sie agierte in dieser Aufgabe mit großer Selbstsicherheit und meisterte schwierige Situationen erfolgreich. Ihr Team galt als erfolgreiche kleine „Truppe". Nun hat sie den nächsten Karriereschritt geschafft: Sie hat die Abteilungsleitung des Logistikbereichs eines großen Produktionsbetriebes übernommen mit mehr als 100 Mitarbeitern. Sie tritt damit die Nachfolge von Herrn Müller an, der die Abteilung zehn Jahre lang erfolgreich geführt hat und nun in Rente geht.

Frau Meier begann ihre Arbeit recht schwungvoll und selbstbewusst, doch nach vier Wochen stellt sie fest, dass sie ihre Mitarbeiter anscheinend nicht erreicht, dass sich kritische Rückfragen der Geschäftsleitung häufen und die Probleme in der Abteilung enorm sind. Die Mitarbeiter stellen viele kritische Rückfragen, sie scheinen ihre neue Chefin nicht zu akzeptieren. Langsam beginnt diese neue Situation, an ihrem Selbstwert zu nagen. Gute Freunde von ihr sagen, sie habe sich verändert, früher wäre sie selbstbewusst, offen und kommunikativ aufgetreten, heute ziehe sie sich schnell zurück, grübele viel und wirke unsicher.

Die Einstellung von Frau Meier zu ihrem eigenen Selbstwertgefühl hat sich zum Negativen hin verändert. Damit sie die neue Funktion erfolgreich ausfüllen kann, muss sie daran arbeiten, dies zu ändern.

Was heißt Führungsautorität?

> **Übung**
>
> Analysieren Sie mit folgenden Fragen Ihr aktuelles Selbstwertgefühl:
>
> - Wie stark ausgeprägt ist Ihr Vertrauen in Ihre eigenen Führungsfähigkeiten?
> - Kennen Sie Ihre Stärken und vertrauen Sie ihnen oder sind Sie sich Ihrer Stärken aktuell wenig bewusst?
> - Wissen Sie, was andere an Ihnen schätzen?
> - In welchen Situationen bringen Sie Ihre eigenen Fähigkeiten ins Spiel?
> - Wie reagieren Sie auf starke Kritik oder Misserfolge – verunsichert Sie das oder lassen Sie sich nicht besonders schnell entmutigen?

Unabhängigkeit

Mit dem Faktor Unabhängigkeit wird die Haltung beschrieben, sich ein eigenes, unabhängiges Urteil bilden zu können, um damit eigenverantwortliche Entscheidungen treffen zu können. Wer sich in seinen Handlungen vor allem von Meinungen anderer leiten lässt oder in seiner Leistungsfähigkeit stark von der vorhandenen oder fehlenden Anerkennung anderer beeinflusst wird, gilt eher als „abhängiger" Mensch. Bei abhängigen Menschen ist die Autorität, die ihnen von anderen Menschen zuerkannt wird, deutlich geringer als bei solchen, die eigenständige Urteile treffen und relativ unabhängig von der Anerkennung Dritter handeln.

Die Haltung in der Unabhängigkeit kann sich in zwei unterschiedliche Richtungen negativ entwickeln und dadurch ihren konstruktiven Charakter verlieren:

Unabhängigkeit

Variante A (Unkenntlichkeit): „Ich hänge mein Fähnchen immer in den Wind und tue nur das, was in meiner Organisation angesagt oder gerade opportun ist."

Variante B (Selbstherrlichkeit): „Ich bin aufgrund meiner Erfahrungen zu Einschätzungen fähig, zu denen niemand sonst in der Lage ist. Deshalb brauche ich meine Urteile nicht mit anderen zu diskutieren."

Konstruktive Unabhängigkeit zeichnet sich dadurch aus, dass neben der eigenen Urteilsfähigkeit auch situative Faktoren wie die Perspektiven und Expertisen anderer angemessen berücksichtigt werden.

Auch Frau Meier aus unserem Beispiel zum Thema „Selbstwert" sah sich in Bezug auf ihre Haltung zur Unabhängigkeit in der neuen Führungsverantwortung einer veränderten Situation gegenüber:

Beispiel:

In ihrer früheren Position analysierte Frau Meier die Situationen klar und eindeutig und verstand es, die Informationen, die sie von den Mitarbeitern erhielt, richtig einzuschätzen. Sie gab klare Einschätzungen ab, war in der Lage, sich differenziert mit den Meinungen der Kollegen aus den anderen Teams auseinanderzusetzen und wusste, wie neue Informationen von Mitarbeitern zu bewerten waren. Ihre Stellungnahmen wurden von den Mitarbeitern und Kollegen geschätzt. Wenn man als Kollege den Positionen von Frau Meier widersprach, so entstanden daraus meist faire, in der Sache klare und eindeutige Auseinandersetzungen.

In der neuen Führungssituation als Abteilungsleiterin Logistik konnte Frau Meier jedoch viele Informationen nicht richtig einschätzen, die Mitarbeiter waren ihr lediglich von der Funk-

Was heißt Führungsautorität?

tion her vertraut, deren Einbettung in die Organisation erschien ihr undurchsichtig und sie war sich unsicher, wie sie an notwendige Informationen für eine abschließende Bewertung von Fragestellungen gelangen sollte. Diese ungewohnte Abhängigkeit verunsicherte sie stark.

Um ihre Unabhängigkeit im eigenen Urteil zurückzugewinnen, beschloss Frau Meier, in den nächsten Wochen an mehreren Besprechungen von einzelnen Teams aus ihrer Abteilung teilzunehmen. Darüber hinaus lud sie zu Expertenrunden in ihr Büro ein und führte viele Einzelgespräche mit Mitarbeitern der unterschiedlichen Hierarchiestufen. Damit wollte sie vor allem die unterschiedlichen Akteure und ihre Interessen besser verstehen lernen.

Übung

Analysieren Sie mit folgenden Fragen Ihre Unabhängigkeit im eigenen Urteil:

- Wie stark verlassen Sie sich auf Ihre eigene Urteilsfähigkeit?
- Wie sicher sind Sie sich Ihrer Meinung im Austausch mit Kollegen?
- Wie sicher sind Sie, in einer unklaren Situation zu einer klaren und eindeutigen Einschätzung gelangen zu können?
- Wie werden Sie in Ihrem Urteil beeinflusst, wenn wichtige Kollegen Ihnen in einem entscheidenden Punkt widersprechen?

Durchsetzungsvermögen

Der Faktor Durchsetzung beschreibt, ob eine Person das Vermögen hat, ihre Meinung durchzuhalten und ihre eigene Überzeugung oder Idee konsequent zu vertreten. Das bedeutet, man bringt sein eigenes Wissen und die eigenen Fähigkeiten ein, man kann seine Meinung auch bei Gegenwind darstellen und bleibt „an einer Sache dran", selbst wenn man mit Widerständen konfrontiert wird.

Auch an dieser Stelle ist die innere Einstellung zum eigenen Durchsetzungsvermögen wichtig für die erfolgreiche Umsetzung von Vorhaben. Wer von sich selbst das Bild hat, andere überzeugen und sich auch mit den auftretenden Widerständen gewinnbringend auseinandersetzen zu können, zeigt ein stärkeres Durchsetzungsvermögen als derjenige, dem selbst kleinere Konfrontationen unangenehm sind.

Beispiel:

Nachdem Frau Meier an mehreren Teamsitzungen teilgenommen, wichtige Sachthemen in den Expertenrunden besprochen und viele Einzelgespräche mit Mitarbeitern geführt hatte, waren ihr zentrale Aspekte der neuen Führungsaufgabe klar. Und sie hatte einen Weg vor Augen, wie sie ihre und die Abteilungsziele erfolgreich umsetzen könnte: ausgewählte Veränderungsthemen würden teilweise auf Zustimmung stoßen, da der Wunsch, alte Zöpfe abzuschneiden, durchaus auch Zuspruch bei wichtigen Mitarbeitern fand. Sie konnte diese Mitarbeiter für ihre Vorschläge gewinnen. In einer Abteilungsversammlung stellte sie die Ziele für das kommende Jahr vor und diskutierte mit den Mitarbeitern die Umsetzung. Gleichzeitig hatte sie sich ein Bild über die informellen Strukturen der Abteilung machen können.

Was heißt Führungsautorität?

So war es z. B. unumgänglich, mit Herrn Schmidt ein Kritikgespräch über dessen Rolle in der Abteilung zu führen. Frau Meier war sich klar, dass dies kein einfaches Gespräch werden würde, da Herr Schmidt über gute Beziehungen im Konzern verfügte und großen Einfluss auf viele Mitarbeiter hatte. Doch Frau Meier wollte dieses Thema nicht ausklammern und überlegte, welchen der „Machtpromotoren", zu denen Herr Schmidt gute Beziehungen hatte, sie vor dem Gespräch mit Herrn Schmidt kontaktieren musste und lud anschließend Herrn Schmidt zum Einzelgespräch ein.

Übung

Analysieren Sie mit folgenden Fragen Ihr Durchsetzungsvermögen im Beruf:

- Wie gut können und wollen Sie die Ihnen zurzeit wichtigen Themen darstellen und umsetzen?

- Wie vertreten Sie Ihren Standpunkt in Situationen, in denen es unangenehm ist, ihn durchzusetzen?

- Wie gehen Sie damit um, wenn wegen der Umsetzung eines Vorhabens eine Menge unerwarteter Ereignisse auftreten, die das Gelingen infrage stellen?

- Was machen Sie, wenn andere plötzlich ihre Unterstützung aufkündigen und Sie sich allein in der Umsetzung eines Projekts sehen?

Was bedeutet Führungsverantwortung? 8

Werte, Ziele und Verpflichtungen 70

Wie gehen Sie mit Emotionen um?... 71

Führung und soziale Verantwortung –
wie passt das zusammen? 73

Welche Rolle spielt die Organisation?. 75

Werte, Ziele und Verpflichtungen

Verantwortung beschreibt die Haltung des „Antworten-Wollens" und „Antworten-Könnens" in unterschiedlichen Situationen. Verantwortung beschränkt sich nicht auf einen lediglich einmaligen Akt des Handelns mit hoher moralischer Integrität, sondern den fortwährenden Prozess des sich Einlassens und Bezugnehmens von Menschen auf sich und andere. Das bezieht sich auf Ziele, Werte und Verpflichtungen, die in sozialen Gemeinschaften entstehen und verankert sind.

Verantwortung als Haltung führt damit zu einer besonderen Qualität in der Interaktion zwischen Menschen: Man will und kann Antworten auf eigene und fremde Fragen geben – und weiß, dass Werte, Ziele und gegenseitige Erwartungen dabei eine wichtige Rolle spielen. Verantwortung zeigt sich auch in der positiven Haltung von Führungskräften dem Wissen gegenüber, dass sich manche Fragen in unserem Alltag wiederholen, immer neu stellen und nicht abschließend beantwortet werden können.

Wer Verantwortung in einer Führungsrolle übernimmt, ist sich auch im Klaren darüber, dass Handlungen Folgen haben. Unser Tun hat immer Wechselwirkungen mit anderen. Nicht alle Folgen unseres Handelns sind im Vorhinein kalkulier- oder absehbar.

Führungskräfte, die gegenüber Verantwortung positiv eingestellt sind, stehen zu den Ergebnissen ihres Handelns und tragen auch deren möglicherweise unbeabsichtigte Folgen. Sie nehmen in den Blick, welche eigenen Gefühle und welche Gefühle anderer Menschen berührt werden und welche Wechselwirkungen im Team oder in der Organisation entstehen können.

Drei Aspekte von Verantwortung möchten wir im Folgenden näher beschreiben, den emotionalen, den sozialen und den organisationalen Aspekt. Wir fragen uns:

- Welche Haltungen oder Einstellungen in Bezug auf diese Aspekte von Verantwortung stehen hinter den Handlungen von Führungskräften?
- Wie nutzen Führungskräfte ihre hohe Verantwortung, um in ihrem Umfeld erfolgreich zu agieren?
- Wie ist Ihre Haltung zur Verantwortung? – Nehmen Sie andere genauso ernst, wie sich selbst? Welche Verantwortung übernehmen Sie für Gruppen oder Organisationen?

Jeden der drei Verantwortungsaspekte stellen wir im Folgenden kurz vor.

Wie gehen Sie mit Emotionen um?

Mit dem emotionalen Aspekt von Verantwortung ist gemeint, für die eigenen Gefühle und die anderer Menschen aufgeschlossen zu sein. Dabei geht es nicht allein darum, zu erkennen, dass Emotionen, Gefühle, Stimmungen oder Affekte für die Handlungen von Menschen eine Rolle spielen. Zusätzlich kommt es darauf an, bewusst mit den in einer Situation vorhandenen Gefühlen umzugehen. Die Voraussetzung dafür ist, dass man seine eigenen Gefühle und die anderer wahrnimmt und respektiert.

Um verantwortlich zu handeln, müssen Sie aus dem Wissen um die beteiligten Gefühle die richtigen Schlüsse für das eigene Verhalten ziehen. Wir verdeutlichen das wieder am Beispiel von Frau Meier.

Beispiel:

Nachdem Frau Meier die ersten Wochen in ihrer neuen Führungsrolle verbracht hatte, analysierte sie, welche Gefühle bei ihr ausgelöst wurden und mit welchen Gefühlen die Mitarbeiter die Situation der Abteilung beschrieben. Besonders Letzteres war nicht ganz einfach – denn Frau Meier fragte

Was bedeutet Führungsverantwortung?

sich, welche Gefühle hinter dem kritischen Nachfragen standen. Ihre erste Vermutung war, dass die Mitarbeiter ihre Ablehnung gegenüber der neuen Führung zum Ausdruck bringen wollten oder dass sie sich ihr gegenüber überlegen fühlten und ihr das zeigen wollten.

In den zahlreichen Kontakten der ersten Wochen wurde ihr jedoch zunehmend deutlich, dass das Verhalten der Mitarbeiter von großer Unsicherheit geprägt war. Da sie wesentlich direkter auftrat als ihr Vorgänger, empfanden viele Mitarbeiter dies als Bedrohung ihres jetzigen Status. Diese Erkenntnis relativierten ihre ersten spontanen Reaktionen, die aus einer Mischung aus eigener Unsicherheit und innerer Empörung gegen so viel „unbotmäßiges" Verhalten bestanden hatten.

In den folgenden Monaten wurde sie geduldiger, sah in den kritischen Nachfragen auch den Wunsch der Mitarbeiter, die eigene Unsicherheit zu reduzieren. Dies bezog sie in ihrem weiteren Verhalten mit ein, zeigte in den Einzelgesprächen den Mitarbeitern ihre Wertschätzung für die bisher geleisteten Erfolge und begründete die Notwendigkeiten der Veränderungen sachlich und geduldig.

Übung

Analysieren Sie mit folgenden Fragen Ihre Haltung zur emotionalen Verantwortung im Führungshandeln:

- Wie stehe ich zu Gefühlen und Stimmungen im beruflichen Kontext – sind sie mir eher suspekt oder vertraut?
- Wie genau gelingt es mir, Gefühle wahrzunehmen und zuzuordnen?
- Welchen Einfluss haben Gefühle auf meine Entscheidungen?

- Wie wichtig nehme ich die Rolle von Gefühlen im Beruf für mich?
- Wie zeigt sich bei mir Verantwortung beim Umgang mit widerstreitenden oder widersprüchlichen Gefühlen?

Führung und soziale Verantwortung – wie passt das zusammen?

Der soziale Aspekt in der Verantwortung zeigt die Einstellung zur gegenseitigen Abhängigkeit von Menschen in sozialen Gemeinschaften, Gruppen oder Organisationen sowie die Wechselwirkung des eigenen Handelns mit dieser sozialen Gemeinschaft.

Führungskräfte, die eine hohe Verantwortung für ihr soziales Umfeld haben und akzeptieren, dass sie mit ihrem Handeln Einfluss auf die Entwicklung von Gruppen nehmen können, werden das „Wohlergehen" der sozialen Gemeinschaft als Bestandteil ihrer Führungsaufgabe ansehen. Diejenigen hingegen, die den Blick lediglich auf sich richten, überlassen die Gruppen, in denen sie arbeiten, stärker sich selbst und schätzen ihre eigene Rolle zu deren Entwicklung eher gering.

Führungskräfte, die Verantwortung für ihr soziales Umfeld zeigen, akzeptieren ihre soziale Eingebundenheit. Sie sehen einen Nutzen darin, Gruppen und Teams aktiv zu unterstützen.

Beispiel:

In den Teambesprechungen erfährt Frau Meier eine Menge über die Strukturen und die Arbeitskultur der einzelnen Fachbereiche. Sie erkennt, dass die Mitarbeiter zur Lösung der Aufgaben immer stärker vernetzt arbeiten, dass jedoch die vorhandenen Regeln und Standards sehr eng gefasst sind

Was bedeutet Führungsverantwortung?

und die Initiative der Mitarbeiter häufig lähmen. So ist die Frage nach Zuordnung der notwendigen Zeitressourcen für die Besprechung mit Mitarbeitern aus unterschiedlichen Fachbereichen noch immer nicht gelöst. Einige Mitarbeiter haben Probleme, dies zu erkennen und selbsttätig zu ändern.

Frau Meier initiiert daraufhin eine neue Regelung, die zunächst für ein halbes Jahr gilt. Während dieser Probephase lässt sie sich regelmäßig in Meetings von den Erfahrungen der Teams und der Vorgesetzen über die Auswirkungen der Neuregelung berichten. Mitarbeiter, die Probleme haben, diese Neuregelung umzusetzen, erhalten Unterstützung.

Übung

Analysieren Sie mit folgenden Fragen Ihre Haltung zur sozialen Verantwortung im Führungshandeln:

- Wie beeinflussen die Bedürfnisse Ihres Umfelds Ihr Führungshandeln?
- Wie stark sehen Sie sich selbst als Teil einer Gruppe – zu welchem Handeln führt das?
- Wie stark haben Sie die soziale Dynamik von Gruppen im Blick – wie beeinflusst Sie das?
- Wie gehen Sie in Situationen vor, in denen Ihre und die Gruppeninteressen zunächst sehr widersprüchlich scheinen?
- Wie integrieren Sie Mitarbeiter, die Probleme in der Umsetzung von Leistungsstandards haben, in das Team?

Welche Rolle spielt die Organisation?

Der organisationale Faktor bezieht sich auf die Verantwortung von Menschen für eine Organisation oder Institution. Er beschreibt, welchen Blick Menschen für die Notwendigkeiten der Organisation, in der sie arbeiten, entwickeln und wie sie damit verantwortlich umgehen.

Menschen mit hoher organisationaler Verantwortung richten ihr Handeln stark am Nutzen der Gesamtorganisation aus und nehmen das Große und Ganze in den Blick. Sie achten in der Regel auf die langfristige Überlebensfähigkeit der Organisation. Falls der kurzfristige Erfolg der eigenen Abteilung dazu im Widerspruch steht, bevorzugen Sie die Lösung, die der Gesamtorganisation hilft.

Wer darauf achtet, dass sich eine Organisation weiterentwickelt, wer überlegt und prüft, wie alle von dieser Entwicklung profitieren können, steht in punkto Verantwortung im Gegensatz zu denen, die eher ihr kurzfristiges Interesse oder das einzelner Gruppen in den Vordergrund stellen.

Sehen wir uns wieder unser Beispiel von Frau Meier an.

> **Beispiel:**
>
> Frau Meier hat sich inzwischen eine gute Position in ihrer Abteilung erarbeitet, wird von den meisten Mitarbeitern als neue Chefin akzeptiert und hat ein erstes Veränderungsprojekt angestoßen. In einem Management-Meeting mit allen Abteilungen des Unternehmens stellt sich heraus, dass das Unternehmen enorme Probleme bei der Lieferzuverlässigkeit hat. Dies ist bedingt durch Probleme im Produktmanagement und in der Produktindustrialisierung. Wenn Frau Meier ihr Effizienzprogramm in der Logistik durchziehen würde, welches mit Personalabbau und verlängerten Service-

Was bedeutet Führungsverantwortung?

und Lieferzeiten verbunden wäre, würde dies die Lieferprobleme verschärfen.

In der Diskussion mit den anderen Abteilungsleitern zeigen sich mehrere Lösungen, dieses Problem kurzfristig abzufedern. Auch die Abteilung von Frau Meier kann dabei helfen. Das Effizienzprogramm in der Logistik-Abteilung müsste dafür vorerst auf Eis gelegt werden. Das bedeutet aber, dass Frau Meier auf ihre Zielvereinbarungsprämie, die an das Programm gekoppelt ist, verzichten müsste. Was wird Frau Meier nun tun?

Übung

Analysieren Sie mit folgenden Fragen Ihre Haltung zur organisationalen Verantwortung im Führungshandeln:

- Inwieweit denke ich das große Ganze meiner Organisation bei Entscheidungen, die nur meinen Einflussbereich betreffen, mit?

- Welche Auswirkungen haben meine Entscheidungen auf andere Teile der Organisation oder auf die Gesamtorganisation?

- Was tue ich, wenn der kurzfristige Erfolg meines eigenen Bereichs zulasten der Gesamtorganisation geht?

- Welchen Blick habe ich für meine Organisation – kenne ich deren aktuelle Grundausrichtung oder Strategie und die momentane Situation? Welchen Einfluss hat das auf mein aktuelles Tun?

Wie groß ist Ihr Einfluss? 9

Die vier Grundhaltungen von Autorität und Verantwortung.............. 78

Gestalten Sie schon? 79

Befehlen Sie lieber? 86

Fügen Sie sich gern in das, was zu tun ist?....................... 91

Wollen Sie gerade nicht mehr mitspielen?..................... 96

Die vier Grundhaltungen von Autorität und Verantwortung

Wenn Sie beide Seiten Ihrer Haltung (Autorität und Verantwortung) mit den oben beschriebenen Faktoren erfolgreich verknüpfen, steigert das Ihren Einfluss im Unternehmen. Menschen mit hoher Autorität und hoher Verantwortung handeln zielorientiert sowohl zum eigenen als auch zum Nutzen anderer.

Studien von Mc Clelland[8] zeigen, dass die Arbeitszufriedenheit und das Leistungsergebnis deutlich steigen, wenn Führungskräfte Autorität und Verantwortung miteinander kombinieren.

Wer diese Macht einsetzt, zeigt den Willen und die Fähigkeit, dass er seine Kräfte für sich, für Gruppen und Organisationen verantwortlich einzusetzen vermag, um Ziele zu erreichen.

Jeweils drei der sechs beschriebenen Faktoren können zusammengefasst werden in die Hauptkategorie Autorität (Selbstwert, Durchsetzung, Unabhängigkeit) und Verantwortung (emotionaler, sozialer und organisationaler Faktor). Je nachdem wie stark oder schwach die jeweiligen Haltungen ausgeprägt sind, ergeben sich vier sogenannte Grundhaltungen:

- Gestalten
- Sich fügen
- Verweigern
- Befehlen

---

[8] Siehe McClelland, D.C./Burnham, D.H. (2008): Macht motiviert. In: Harvard Business Manager, April 2008, Seite 84 ff. Die Autoren kommen in ihren Forschungen zu dem Ergebnis, dass das Machtmotiv von Führungskräften mit einer institutionellen Begrenzung verbunden sein muss, um gute Ergebnisse zu erzielen.

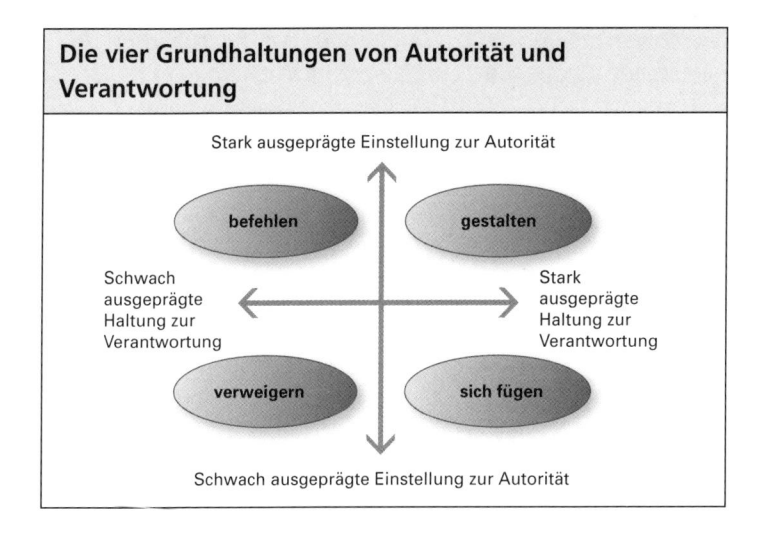

Die vier Grundhaltungen von Autorität und Verantwortung

Stark ausgeprägte Einstellung zur Autorität

befehlen | gestalten

Schwach ausgeprägte Haltung zur Verantwortung ⟵⟶ Stark ausgeprägte Haltung zur Verantwortung

verweigern | sich fügen

Schwach ausgeprägte Einstellung zur Autorität

Gestalten Sie schon?

Bei der Grundhaltung „Gestalten" sind die beiden Bereiche Autorität und Verantwortung gleichermaßen gut entwickelt. Möglicherweise unterscheiden sich die einzelnen Faktoren der Autorität und die Aspekte von Verantwortung in ihrer Ausprägung, dennoch ergibt sich insgesamt eine positive Grundeinstellung oder Grundhaltung zur Übernahme einer Führungsaufgabe.

Wie groß ist Ihr Einfluss?

„Gestalten" ist die beste Ausgangsposition für Führungskräfte, mit dieser Grundhaltung wird die größte Wirkung erreicht. Das ist aber kein einfaches Bild von Führung. Vielmehr ergeben sich für Führungskräfte, die mit dieser Haltung ihre Rolle ausfüllen, widersprüchliche Anforderungen. Es kommt darauf an, diese Widersprüche auszuhalten und achtsam und souverän mit ihnen umzugehen.

Menschen mit einer starken gestaltenden Grundhaltung sind sich ihrer Fähigkeiten, ihres Wissens und ihrer Erfahrungen bewusst und setzen sie gezielt ein; sie sehen sich in der Verantwortung für die Organisation und betrachten diese Haltung als etwas Selbstverständliches. Sie wissen, wann sie Aufgaben an andere delegieren sollten, und gewinnen Stärke darin, dass sie zu ihren Schwächen stehen können. Oft sind diese Führungskräfte mit sich selbst und ihren eigenen Handlungen zufrieden. Aber da sie sich kontinuierlich hinterfragen und ihr Handeln reflektieren, kann es auch Zweifel am eigenen Tun geben. Diese Zweifel führen in den meisten Fällen zu einem Lernprozess. Das, was sie begonnen haben, führen sie zu Ende und stehen vor sich und anderen für die Folgen ihrer Handlungen ein.

Gestaltende Führungskräfte erkennen widersprüchliche Anforderungen als im Kern zusammenhängend an und reagieren darauf mit selbstverständlicher Rollenvielfalt. Die Widersprüchlichkeiten werden ausbalanciert; ein als richtig erkanntes Verhalten wird klar und eindeutig umgesetzt, damit es seine positiven Wirkungen entfalten kann. Beginnen negative Anzeichen in den Vordergrund zu treten, wird die Führungskraft auch ihr Verhalten ändern.

Dies ist natürlich eine idealtypische Beschreibung, die mehr oder weniger stark ausgeprägt sein kann. Das folgende fiktive Interview zeigt einige typische Aussagen von Führungskräften mit gestaltender Grundhaltung.

Gestalten Sie schon?

Interview mit einer „gestaltenden" Führungskraft	
Frage	**Typische Antwort für die Grundhaltung „Gestalten"**
„Wie verhalten Sie sich, wenn am Ende eines Meetings große und schwierige Aufgaben verteilt werden müssen?"	„Ich stelle die Aufgabe in ihren Schwierigkeiten, aber auch in ihrer Bedeutung für unsere Organisation dar und bespreche mit den Kollegen, wie wir am besten vorgehen. Ich schlage vor, wie ich mir die Abarbeitung vorstelle, bin aber offen für alternative Vorschläge."
„Was machen Sie, wenn es fortdauernd kleinere Konflikte mit einem Kollegen gibt?"	„Zunächst analysiere ich für mich die Situation: Gab es Veränderungen oder neue Herausforderungen bei uns in der Abteilung oder bei den Kollegen? Dann spreche ich mit den Konfliktparteien und mache mir ein Bild davon, welche Ansatzpunkte zur Lösung es gibt. Mein Ziel ist es, mit den Konfliktparteien an einem Tisch Lösungsansätze zu vereinbaren oder Lösungswege aus meiner Warte klar und eindeutig zu initiieren."
„Die Zahlen Ihres Bereichs sind in diesem Jahr unter den Erwartungen geblieben. Wie gehen Sie damit in der Vorstandssitzung um?"	„Ich werde darstellen, was aus meiner und der Sicht meiner Abteilungsleiter schief gelaufen ist. Wir werden Vorschläge machen, wo im neuen Jahr anzusetzen ist, um eine solche Situation zukünftig zu vermeiden."
„Ihr Vorgesetzter betraut Sie mit der Verantwortung für eine wichtige Vorstandspräsentation. Sie sind sich nicht sicher, ob Sie dafür kompetent genug sind. Was machen Sie?"	„Ich frage nach seinen Beweggründen, mir diese Präsentation anzuvertrauen und welche Erwartungen er an die Präsentation hat. Dann teile ich ihm mit, was ich aus dem Stand heraus zusichern kann und wo ich Unterstützungsbedarf sehe. Wir müssen sehen, wie die Präsentation am besten umzusetzen ist."

Wie groß ist Ihr Einfluss?

Was hätten Sie auf diese Fragen geantwortet? Seien Sie ehrlich mit sich selbst. Eine Möglichkeit zur Selbstüberprüfung für eine gestaltende Grundhaltung finden Sie in der folgenden Checkliste. Wenn Sie guten Gewissens sieben Mal mit „Ja" antworten und dafür konkrete Beispiele finden, erfüllen Sie einige wesentliche Anforderungen einer gestaltenden Führungshaltung.

> **Checkliste: Fragen zur gestaltenden Grundhaltung**
>
> - Kooperieren Sie gern mit anderen und akzeptieren Sie notwendige Auseinandersetzungen?
> - Führen Sie das, was Sie begonnen haben, in der Regel auch zu Ende?
> - Orientieren Sie sich an Zielen und können gleichzeitig flexibel damit umgehen, wenn sich die Rahmenbedingungen ändern?
> - Ist Ihr Handeln sowohl zum Nutzen für Sie als auch zum Nutzen für andere?
> - Zeigen Sie häufig Selbstinitiative?
> - Gelingt es Ihnen, den Sinn hinter Ihren Entscheidungen unterschiedlichen Personen zu vermitteln?
> - Stehen Sie auch bei Misserfolgen für die Konsequenzen Ihres Handelns ein?

Falls Sie bereits eine gestaltende Grundhaltung besitzen, können Sie auf Ihre persönliche Autorität setzen und auf Ihre Haltung zur Verantwortung bauen. Autorität und Verantwortung lassen sich dennoch weiter ausbauen. Dazu können Sie die oben beschriebenen Faktoren in der folgenden Übung genauer analysieren.

Gestalten Sie schon?

> **Übung:**
> **Die Reihenfolge meiner Stärken**
>
> Setzen Sie die sechs Faktoren in eine persönliche Reihenfolge. Die Nummer 1 erhält der Faktor, der bei Ihnen am stärksten ausgeprägt ist, die Nummer 6 ordnen Sie demjenigen Faktor zu, der bei Ihnen im Verhältnis zu den anderen am schwächsten ausgebildet ist.
>
> | | **Bewertung von 1–6** |
> |---|---|
> | **Autorität** | |
> | Selbstwert | |
> | Durchsetzung | |
> | Unabhängigkeit | |
> | **Verantwortung** | |
> | Emotionaler Faktor | |
> | Sozialer Faktor | |
> | Organisationaler Faktor | |
>
> Lesen Sie das Kapitel des Faktors, dem Sie die Nummer 6 gegeben haben, noch einmal. Überlegen Sie sich nun, wie Sie bei sich persönlich die Haltung zu diesem Faktor ausbauen können. Ergänzend dazu wählen Sie einen passenden Vorschlag aus den beiden folgenden Checklisten.

Wie groß ist Ihr Einfluss?

> **Checkliste: Vorschläge zur Weiterentwicklung der persönlichen Autorität**
>
> - Was können Sie gut, aber noch nicht perfekt? Suchen Sie sich eine Ihrer Fähigkeiten aus und überlegen Sie, wie Sie diese weiter trainieren oder ausbauen können.
>
> - Zeigen Sie Ihre Kenntnisse in einem bestimmten Thema, in dem Sie sich gut auskennen. Übernehmen Sie dazu z. B. eine Expertenrolle in einer Projektgruppe und präsentieren Sie das Thema an geeigneter Stelle. Oder suchen Sie sich eine Aufgabe, in der dieses Thema gebraucht wird.
>
> - Was haben Sie bisher noch nicht gemacht oder nur selten? Suchen Sie mit Absicht neue, am besten auch ungewohnte Aufgaben oder Herausforderungen.
>
> - Holen Sie sich Feedback von anderen. Schaffen Sie eine Atmosphäre, in denen diese ganz ehrlich und offen berichten können, wie sie Sie erleben. Und das nicht nur von Freunden, sondern ganz bewusst auch von Personen, die Sie bisher selten nach der eigenen Meinung gefragt haben oder die eher kritisch zu Ihnen stehen. Hören Sie gut zu und überlegen Sie, was Sie daraus lernen können.
>
> - Was können Sie aus Ihren Erfolgen lernen? Nehmen Sie Ihre Erfolge bewusst wahr, analysieren Sie diese und leiten Sie Konsequenzen für Ihr zukünftiges Handeln ab.
>
> - Welches Verhalten haben Sie als Führungskraft bisher selten gezeigt? Wenden Sie dieses seltene Verhalten in Situationen an, in denen es Sinn macht. So erweitern Sie Ihre Handlungsoptionen und entwickeln neue Facetten Ihrer Führungsrolle.

Checkliste: Vorschläge zur Weiterentwicklung der Verantwortung

- Was wollen die anderen? Überlegen Sie in einem der nächsten Mitarbeitergespräche, was die Bedürfnisse und Interessen Ihres Gegenübers sind. Stellen Sie dazu passende Fragen, hören Sie dabei gut zu und überlegen Sie, wie Sie noch besser auf diese Bedürfnisse eingehen können.

- Bieten Sie Ihrem Mitarbeiterteam oder Ihrer Organisation (z. B. der benachbarten Abteilung) in neuen Feldern Unterstützung an. Am besten bei einer Thematik, bei der Sie dies bisher noch nicht getan haben. Überraschen Sie die Gruppe oder die Kollegen dabei und beobachten Sie, was passiert.

- Haben Sie schon mal eine After-Action-Learning-Session realisiert? Besprechen Sie in einem Team, wie die letzte Aktion oder das letzte Projekt gelaufen ist, an dem Sie persönlich großen Anteil hatten. Bleiben Sie dabei ehrlich und nehmen Sie kritische Gesprächspartner in diese Besprechung mit auf. Was hat funktioniert, was ist schief gelaufen? Welche Auswirkungen hatten Ihre Entscheidungen? Was haben Sie vernachlässigt?

- Wissen Sie, welche Werte Ihrem Team wichtig sind? Prüfen Sie, ob Sie Ihr Handeln noch besser an diesen Werten ausrichten können. Wie können Sie diese Werte für den Erfolg des Teams nutzen?

- Welchen widersprüchlichen Anforderungen sind Sie ausgesetzt? Machen Sie sich klar, welche das sind, wo etwa von Ihnen Eindeutigkeit verlangt wird, obwohl es um mehrdeutige Situationen geht. Oder wo Sie für Zielklar-

Wie groß ist Ihr Einfluss?

> *Fortsetzung: Checkliste: Vorschläge zur Weiterentwicklung der Verantwortung*
>
> heit sorgen müssen, obwohl sich die Rahmenbedingungen schon längst verändert haben. Überlegen Sie, wie Sie mit diesen widersprüchlichen Anforderungen umgehen können, ohne die Widersprüche zu negieren.

Befehlen Sie lieber?

Wenn die drei Faktoren für Autorität – Selbstwert, Durchsetzung und Unabhängigkeit – bei Ihnen stark ausgeprägt sind, die drei Faktoren für Verantwortung – emotionaler, sozialer und organisationaler Faktor – hingegen eher gering, nehmen Sie zurzeit eine Grundhaltung ein, die wir mit dem Begriff „Befehlen" bezeichnen.

Die hohe Autorität von Menschen zeigt sich in dieser Grundhaltung an deren Überzeugung, andere führen zu können; sie verlassen sich auf ihre Fähigkeiten, haben gewöhnlich die Dinge und Situationen im Griff und scheuen anderen gegenüber auch keine deutlichen, klaren und unbequemen Worte. Menschen mit hoher Autorität kennen, mögen und schätzen ihre Position in der Orga-

Befehlen Sie lieber?

nisation oder in einer Gruppe und haben in der Vergangenheit positive Rückmeldung für diese Haltung erfahren.

Diese Selbstsicherheit wird von einigen Menschen, seien es Mitarbeiter, Kollegen oder Vorgesetzte, anerkannt und von anderen abgelehnt. Die negativen Aussagen sind z .B. folgende: „Ich werde zu oft kontrolliert und dominiert.", „Meine eigenen Fähigkeiten kommen nicht zum Zug.", „Ich fühle mich bevormundet.", „Alle sollen immer nach seiner Pfeife tanzen." Diese Aussagen machen deutlich, dass die Verantwortungsaspekte in der Grundhaltung „Befehlen" ausgeblendet oder zumindest nicht erkennbar sind.

Diese geringe Verantwortung zeigt sich darin, dass es Führungskräften in der Grundhaltung „Befehlen" tendenziell schwerer fällt, auf die Interessen anderer angemessen zu reagieren oder die Kontrolle von einmal delegierten Aufgaben wirklich aufzugeben. Es kann auch sein, dass sie Verpflichtungen eingehen, die sie später nicht einlösen, da sie ihnen nicht mehr zweckmäßig erscheinen. Vor dem Hintergrund taktischen Verhaltens zur Stärkung der eigenen Position fällt ihnen die offene Auseinandersetzung mit den Vorstellungen anderer – und damit das Ringen um einen richtigen Weg für die ganze Organisation – schwer.

Wer zu stark auf die eigene Autorität setzt, gelangt in vielen Situationen an die Grenzen seiner Wirksamkeit; er kann andere demotivieren oder unnötigerweise zum Widerstand oder zu unproduktiven Machtkämpfen herausfordern.

Diejenigen, die sich in der Grundhaltung „Befehlen" befinden, sollten daher gering entwickelte Aspekte ihrer Verantwortung erkennen, um diese auszubauen Mit dem Ausbau der Verantwortung lassen sich ihre Management-Fähigkeiten mit Leadership-Qualitäten anreichern, ihre gestalterische Wirkung optimiert sich.

Im folgenden (fiktiven) Interview können Sie die Grundhaltung „Befehlen" an Beispielen erkennen.

Wie groß ist Ihr Einfluss?

Interview mit einer „befehlenden" Führungskraft	
Frage	Typische Antwort für die Grundhaltung „Befehlen"
„Wie verhalten Sie sich, wenn am Ende eines Meetings große und schwierige Aufgaben verteilt werden müssen?"	„Ich mache klare und eindeutige Ansagen, was von wem bis wann zu erledigen ist."
„Was machen Sie, wenn es fortdauernd kleinere Konflikte mit einem Kollegen gibt?"	„Diese Situation ist mir sehr vertraut: Ich zitiere den Kollegen zu mir, erwarte seine Stellungnahme und fordere ihn auf, sein Verhalten zu ändern."
„Die Zahlen Ihres Bereichs sind in diesem Jahr unter den Erwartungen geblieben. Wie gehen Sie damit in der Vorstandssitzung um?"	„Es werden Ross und Reiter genannt – bereits im Vorfeld habe ich Personen zur Rechenschaft gezogen, was personelle Konsequenzen zur Folge hatte. So etwas wird sich in Zukunft nicht wiederholen, wir haben das Controlling ausgebaut und die Berichtsstrukturen verändert, damit wir bei ungünstigen Entwicklungen frühzeitiger Konsequenzen ziehen können."
„Ihr Vorgesetzter betraut Sie mit der Verantwortung für eine wichtige Vorstandspräsentation. Sie sind sich nicht sicher, ob Sie dafür kompetent genug sind. Was machen Sie?"	„Ich nehme die Aufgabe selbstverständlich an."

Befehlen Sie lieber?

Treffen diese Antworten zur Grundhaltung „Befehlen" besser auf Sie zu als die Antworten im fiktiven Interview zur Grundhaltung „Gestalten"? Dann sollten Sie überlegen, an welchen der drei Faktoren zur Verantwortung Sie an sich arbeiten wollen.

> **Übung:**
> **Persönliche Einstellung zu den Faktoren für Verantwortung**
>
> Lesen Sie die Kapitel zu den drei Faktoren für Verantwortung. Notieren Sie bitte, was Ihnen persönlich daran zusagt, was Ihnen missfällt oder was Sie ablehnen. Und überlegen Sie dann, was Sie in jedem Bereich in Zukunft stärker nutzen möchten.

Faktoren für mehr Verantwortung	Das gefällt mir daran	Das missfällt mir daran	Das möchte ich lernen oder nutzen
Emotionaler Faktor			
Sozialer Faktor			
Organisationaler Faktor			

In der folgenden Checkliste finden Sie Anregungen, die Ihnen dabei helfen sollen, Ihre Haltung zur Verantwortung auszubauen.

Wie groß ist Ihr Einfluss?

> **Checkliste: Vorschläge zur Entwicklung der Verantwortung**

- Schärfen Sie Ihre Wahrnehmung für Situationen und Gefühle, indem Sie die Reaktionen anderer analysieren und sich deren Beweggründe klar machen.
- Gehen Sie stärker auf die Bedürfnisse anderer ein.
- Überlegen Sie, wie Sie die persönlichen Beziehungen zu anderen ausbauen können.
- Vermitteln Sie anderen Ihre Wertschätzung.
- Bieten Sie Ihrer Gruppe oder Ihrer Organisation konkrete Unterstützung an.
- Gleichen Sie Ihr Handeln vor dem Hintergrund Ihrer Überzeugungen mit den Werten der Gruppe ab.
- Prüfen Sie, wo Sie andere in Entscheidungen einbeziehen können.
- Geben Sie anderen, wenn Sie Aufgaben delegiert haben, die notwendigen Ressourcen und Freiräume.
- Prüfen Sie, was andere motiviert und wie Sie deren Selbstmotivation fördern können.
- Geben Sie anderen das Vertrauen, bestimmte Dinge in eigener Verantwortung umzusetzen. Bieten Sie Ihr Knowhow an, ohne es anderen aufzudrängen.
- Besprechen Sie mit anderen, wie die Organisation von Ihrem Können profitieren kann.
- Beraten Sie sich mit anderen, welche Auswirkungen Ihre Entscheidungen haben.
- Machen Sie ein Gedankenexperiment und geben Sie dafür kurzzeitig Ihre Rolle als Führungskraft auf: Begeben

> *Fortsetzung: Checkliste: Vorschläge zur Entwicklung der Verantwortung*
>
> Sie sich für ein Projekt in die Rolle eines Teammitglieds und übernehmen Sie aus dieser Rolle die volle Verantwortung für das Gelingen des Projekts. Wie sähe eine Verantwortungsübernahme aus?

Fügen Sie sich gern in das, was zu tun ist?

Wenn die drei Faktoren für Verantwortung – emotionaler, sozialer und organisationaler Faktor – bei Ihnen stark ausgeprägt sind, die drei Faktoren für Autorität – Selbstwert, Durchsetzung und Unabhängigkeit – aber eher gering, verfügen Sie zurzeit über eine Grundhaltung, die wir mit dem Begriff „Sich fügen" bezeichnen.

Die hohe Verantwortung zeigt sich bei Menschen in dieser Grundhaltung darin, dass sie sich gut in andere Menschen hineinversetzen können, deren Bedürfnisse erkennen und sich in ihren Handlungen entsprechend auf ihr soziales Umfeld einstellen. Sie werden als verlässliche und pflichtbewusste Partner geschätzt

Wie groß ist Ihr Einfluss?

und handeln im Dienst der Organisation. Sie kennen ihre eigenen Gefühle und Bedürfnisse und leben diese immer dann, wenn sie sich gut in die Abläufe und Gegebenheiten einpassen lassen.

Dieser positive Teil der Haltung zur Verantwortung wird von anderen geschätzt. Er verkehrt sich jedoch ins Gegenteil, wenn er übertrieben wird. Dann wird die Wirkung eher als unterwürfig oder devot angesehen. Oder aber es ergibt sich eine passive Haltung und die Selbstinitiative geht verloren.

Diese Haltung kann auch mit Unsicherheit verbunden sein, z. B. in neuen oder unbekannten Situationen, in denen diese Führungskräfte noch keine Erfahrung haben. Manchmal möchte man es mit dieser Grundhaltung den anderen immer Recht machen und sucht bei Kritik ausschließlich die Fehler bei sich selbst.

Die geringe Autorität zeigt sich in dieser Grundhaltung auch in einer hohen Orientierung an den Absichten anderer. Diese werden loyal unterstützt und nur selten wird, auch wenn dies begründet wäre, gegen sie Position bezogen. Das Zutrauen, eine Entscheidung aufgrund eines eigenen Urteils zu treffen, ist ebenfalls nicht besonders stark ausgeprägt. Menschen mit der Grundhaltung „Sich fügen" verlassen sich lieber auf andere; sie sind fleißige Zuarbeiter, die weniger gestaltend in den Vordergrund treten.

Als Führungskraft sind Sie in der Regel wirkungsvoller, wenn Sie eigene Akzente in Ihrem Verantwortungsbereich setzen. Deshalb ist zu prüfen, wie die Haltung zur eigenen Autorität gestärkt werden kann. Unser (fiktives) Interview charakterisiert diese Grundhaltung.

Fügen Sie sich gern in das, was zu tun ist?

Interview mit einer „sich fügenden" Führungskraft	
Frage	**Typische Antwort für die Grundhaltung „sich fügen"**
„Wie verhalten Sie sich, wenn am Ende eines Meetings große und schwierige Aufgaben verteilt werden müssen?"	„Ich warte zunächst ab, ob andere dafür infrage kommen. Vielleicht spricht man mich an, dann übernehme ich die Aufgabe selbstverständlich. Sollte sich niemand bereit erklären, dann versuche ich, die Aufgaben noch unterzubringen."
„Was machen Sie, wenn es fortdauernd kleinere Konflikte mit einem Kollegen gibt?"	„Ich kann schon ganz gut verstehen, dass diese Konflikte nerven. Aber da gibt es zwei Seiten – alle Beteiligten haben ihre Beweggründe. Ich habe das schon mal in kleiner Runde angesprochen. Da brauche ich meinen Chef als Vermittler, ich selbst bin ja als Teamleiter ebenfalls betroffen."
„Die Zahlen Ihres Bereichs sind in diesem Jahr unter den Erwartungen geblieben. Wie gehen Sie damit in der Vorstandssitzung um?"	„Ich bedaure, dass das Ergebnis trotz aller Anstrengungen unter den Erwartungen geblieben ist, und hoffe, dass der Vorstand neue Erkenntnisse gewonnen hat, damit sich das im kommenden Jahr nicht wiederholt."
„Ihr Vorgesetzter betraut Sie mit der Verantwortung für eine wichtige Vorstandspräsentation. Sie sind sich nicht sicher, ob Sie dafür kompetent genug sind. Was machen Sie?"	„Diese Situation ist unangenehm. Ich versuche, andere Leute ins Gespräch zu bringen, die dafür mit Sicherheit besser geeignet sind. Mein Angebot: Ich nehme denen andere Aufgaben ab, damit sie Zeit haben, um diese Präsentation vorbereiten zu können."

Wie groß ist Ihr Einfluss?

Passen diese Antworten in etwa zu Ihrer jetzigen Grundhaltung? Sie können Ihren Einfluss und Ihre Wirksamkeit als Führungskraft erhöhen, wenn Sie an den drei Faktoren zu Ihrer Autorität arbeiten.

> **Übung:**
> **Persönliche Einstellung zu den Faktoren für Autorität**
>
> Lesen Sie die Kapitel zu den drei Faktoren für Autorität. Notieren Sie dazu bitte Ihre momentane Einstellung in Bezug auf diese Faktoren. Und überlegen Sie dann, was Sie zukünftig aus jedem Bereich stärker lernen möchten.

Faktoren für mehr Autorität	Das gefällt mir daran	Das missfällt mir daran	Das möchte ich lernen oder nutzen
Selbstwert			
Durchsetzung			
Unabhängigkeit			

In der folgenden Checkliste finden Sie Anregungen, die Sie dabei unterstützen sollen, Ihre Haltung zur Autorität auszubauen.

Fügen Sie sich gern in das, was zu tun ist?

Checkliste: Vorschläge zur Entwicklung der Autorität

- Vergewissern Sie sich Ihrer positiven Eigenschaften und Stärken, indem Sie diese aufschreiben und von anderen Feedback einholen.
- Nehmen Sie Ihre Erfolge bewusst wahr und machen Sie sich klar, was Sie im Einzelnen dazu beigetragen haben.
- Stärken Sie Ihr Selbstvertrauen, indem Sie bekannte Fähigkeiten verstärkt einbringen und auch in neuen Situationen nutzen.
- Arbeiten Sie daran, neue Fähigkeiten zu entwickeln und diese einzubringen.
- Weisen Sie sich als Fachkraft und als Experte für bestimmte Themen aus.
- Formulieren Sie Ihre Grundwerte und Überzeugungen und erläutern Sie diese anderen.
- Treffen Sie Entscheidungen auf Basis Ihrer Überzeugungen und vertreten Sie diese vor anderen.
- Suchen Sie Gelegenheiten, in denen Sie sich selbst positiv darstellen wollen und können.
- Bilden Sie sich eine Meinung zu den Einschätzungen anderer. Überlegen Sie, was Sie richtig und gut daran finden bzw. was Sie ablehnen und ungeprüft nicht bewerten können. Fragen Sie kritisch nach.
- Üben Sie sich darin, auch klar Nein zu sagen, wenn Sie die Entscheidungen anderer nicht teilen.
- Vertreten Sie Ihre Meinung auch gegen Widerstand offensiv.
- Nehmen Sie das Risiko an, das in einer aktiven Führung liegt.

Wie groß ist Ihr Einfluss?

> *Fortsetzung: Checkliste: Vorschläge zur Entwicklung der Autorität*
>
> - Überprüfen Sie in einem ersten Schritt, ob die jetzigen Aufgaben Sie über- oder unterfordern. Entscheiden Sie dann im nächsten Schritt, ob Sie sich aktiv neue Aufgaben und Chancen suchen.

Wollen Sie gerade nicht mehr mitspielen?

Bei der Grundhaltung „Verweigern" sind die beiden Bereiche Autorität und Verantwortung eher gering ausgeprägt.

Menschen, die mit der Grundhaltung „Verweigern" in eine Führungsaufgabe hineingehen, zeigen ein geringes Maß an Autorität und Verantwortung. Diese Haltung hat sich in der Regel langsam entwickelt und wurde aufgrund mehrerer Erfahrungen innerhalb der organisationalen Umwelt herausgebildet oder verstärkt. Möglich ist diese Haltung aber auch als Ausdruck einer momentanen Krise, wenn der Job nicht passt oder keinerlei Motivation bringt. Die Ausdrucksformen dieser Grundhaltung sind vielfältig.

Einige pflegen einen Laissez-Faire-Stil oder halten sich für Individualisten. Sie machen nicht jede Mode mit und behalten beharr-

Wollen Sie gerade nicht mehr mitspielen?

lich ihren Stil bei – damit wirken sie nach außen hin leicht wie Exoten. Von anderen werden diese Menschen als Einzelgänger oder als am Rande der Organisation stehend beschrieben.

Manche Führungskräfte mit dieser Grundhaltung tun oft nur das Nötigste und haben keine Lust, Führung zu übernehmen oder Gruppen zu leiten. Situationen des Misslingens werden so verarbeitet, dass andere daran die Schuld tragen. Gleichzeitig können die eigenen Fähigkeiten als unzureichend eingeschätzt werden. Oder die momentane Situation, das momentane Umfeld wird negativ beurteilt und man sieht keinen Ansatzpunkt für eine positive Veränderung, was letztlich zu einem „Ohnmachtsgefühl" führt.

All dies kann grundsätzliche Zweifel mit sich bringen, wie etwa: „Bin ich überhaupt noch im richtigen Job?", „Bin ich noch in der richtigen Organisation?". Aus diesen Überlegungen heraus resultiert nicht selten eine Protesthaltung, die aber zu keiner konstruktiven Auseinandersetzung führt. Vielmehr wird das eigene Anliegen ungeschickt vorgetragen, was lediglich Ablehnung von anderen erzeugt. Und so verstärkt sich das Gefühl, dass man sowieso nichts ändern könne und der eigene Einfluss sehr gering sei.

Diese Haltung kann Ausdruck einer generellen Krise oder Übergangssituation sein. Kleinere Missgeschicke können sich zu Krisen ausweiten, in denen sich andere – manchmal sogar enge Vertraute – von einem abwenden.

Die Auswirkungen der Haltung „Verweigern" auf die Mitarbeiter, die Organisation oder die Teamziele sind tendenziell negativ. Der Einfluss als Führungskraft geht verloren und mündet in negativen Ergebnissen. Gelegentlich wird dies von anderen abgefedert, es kann sich dann eine Ersatz-Führungsstruktur herausbilden. So nehmen manchmal einzelne Mitarbeiter dieser Führungskraft informell positiven gestalterischen Einfluss auf das Team und ersetzen damit die Rolle der Führung.

Wie groß ist Ihr Einfluss?

Sehen wir uns erneut unser Interview an, das die verweigernde Grundhaltung veranschaulichen soll.

Interview mit einer „sich verweigernden" Führungskraft	
Frage	Typische Antwort für die Grundhaltung „Verweigern"
„Wie verhalten Sie sich, wenn am Ende eines Meetings große und schwierige Aufgaben verteilt werden müssen?"	„Ich frage nach, wer das übernimmt. Wenn sich keiner meldet, dann hab ich wenigstens gefragt. In der nächsten Sitzung bring ich das dann nochmal ein."
„Was machen Sie, wenn es fortdauernd kleinere Konflikte mit einem Kollegen gibt?"	„Was soll man da machen? Das ist ganz allein Sache derjenigen, die daran direkt beteiligt sind."
„Die Zahlen Ihres Bereichs sind in diesem Jahr unter den Erwartungen geblieben. Wie gehen Sie damit in der Vorstandssitzung um?"	„Die ganze Situation war im letzten Jahr eine Verkettung von Fehleinschätzungen. Darauf werde ich hinweisen. An unserer Abteilung lag das schlechte Abschneiden jedenfalls nicht."
„Ihr Vorgesetzter betraut Sie mit der Verantwortung für eine wichtige Vorstandspräsentation. Sie sind sich nicht sicher, ob Sie dafür kompetent genug sind. Was machen Sie?"	„Gut, wenn er will, dass ich es mache, kann man nichts dagegen tun. Aber das sitze ich aus – morgen haben sich die Prioritäten sowieso schon wieder geändert und dann ist das alles nicht mehr so wichtig."

Wollen Sie gerade nicht mehr mitspielen?

Kennen Sie solche Antworten von sich oder anderen? Wenn sich die verweigernde Grundhaltung verfestigt hat, ist es nicht leicht, sich aus dieser Haltung heraus zu entwickeln. Manchmal hilft es, zuerst die Situation zu prüfen, in der man sich zum aktuellen Zeitpunkt befindet. Was können Sie an der Situation verändern? Sollten Sie sich Partner suchen, mit denen Sie gemeinsam an der Lage etwas verändern können? Sollten Sie sich sogar selbst eine andere Aufgabe suchen, in der Sie sich wohler fühlen?

Sehen Sie sich den folgenden Fragenkatalog an, um zu überprüfen, worauf Ihre Grundhaltung „Verweigern" beruhen könnte.

> **Checkliste: Fragen zur Überprüfung der Grundhaltung „Verweigern"**
>
> - Fühlen Sie sich in Ihrer jetzigen Arbeitssituation überfordert und wie „gut" gehen Sie für sich und andere damit um?
> - Haben Sie eine neue Aufgabe übernommen und sind sich nicht sicher, ob Sie das schaffen können?
> - Haben Sie sich in Ihrer eigenen Individualität gut eingerichtet und legen Sie keinen Wert auf die Meinung anderer?
> - Haben Sie einen längeren Kampf mit autoritären, dominanten oder arroganten Vorgesetzten oder Kollegen ausgefochten, bei dem Sie nicht besonders erfolgreich waren und deshalb jetzt resigniert sind?
> - Haben Sie in Ihrer Biografie ein gravierendes Misserfolgs-Erlebnis zu verzeichnen, welches Sie noch heute (vielleicht unbewusst) prägt?
> - Haben Sie den Eindruck, dass, egal was Sie vorschlagen oder in Diskussionen einbringen, niemand ehrlich sagt, was er davon hält?

Wie groß ist Ihr Einfluss?

Im Feld „Verweigern" fühlt sich die persönliche Situation besonders verfahren an. Deshalb bedarf es einiger Anstrengungen, um die eigene Performance zu verbessern. Analysieren Sie, welcher der sechs Faktoren die leichteste Möglichkeit zur Veränderung bietet.

Übung:
Die Reihenfolge meiner Stärken

Setzen Sie die sechs Faktoren in eine persönliche Reihenfolge. Die Nummer 1 erhält der Faktor, der bei Ihnen am stärksten ausgeprägt ist, die Nummer 6 teilen Sie dem Faktor zu, der bei Ihnen im Verhältnis zu den anderen am schwächsten ausgebildet ist.

	Bewertung von 1–6
Autorität	
Selbstwert	
Durchsetzung	
Unabhängigkeit	
Verantwortung	
Emotionaler Faktor	
Sozialer Faktor	
Organisationaler Faktor	

Lesen Sie das Kapitel von dem Faktor, dem Sie die Nummer 1 gegeben haben, noch einmal. Überlegen Sie nun, wie Sie für sich persönlich die Haltung zu diesem Faktor als Stärke nutzen können. Dies ist der Ansatzpunkt für Sie, um sich aus einer verweigernden Grundhaltung herauszuentwickeln. Ergänzend dazu wählen Sie einen passenden Vorschlag aus der folgenden Checkliste.

Wollen Sie gerade nicht mehr mitspielen?

Checkliste: Veränderung der Grundhaltung „Verweigern"

- Was können Sie gut? Konzentrieren Sie sich auf Ihre Fähigkeiten. Setzen Sie diese gezielt ein und bauen Sie diese weiter aus.

- Welche Aufgaben haben Sie in den letzten sechs Monaten erfolgreich erledigt? Benennen Sie diese, feiern Sie die Ergebnisse und belohnen Sie sich dafür.

- Woran haben Sie Spaß, was sind Ihre Interessen, was motiviert Sie? Schreiben Sie dies auf und überlegen Sie, wie Sie diese Interessen noch häufiger oder noch besser erfüllen können.

- Welche Situationen finden Sie spannend? Suchen Sie Situationen, die für Sie interessant, herausfordernd und motivierend sind.

- Wie lauten Ihre Ziele? Setzen Sie sich persönliche Ziele, erstellen Sie einen Plan, wie Sie diese erreichen können und setzen Sie ihn schrittweise um.

- Welche Normen und Regeln finden Sie richtig? Schreiben Sie auf, was das Positive an diesen Regeln ist und setzen Sie diese durch.

- Wie verbindlich sind Sie zu sich selbst? Treffen Sie verbindliche Verabredungen mit sich selbst und anderen und arbeiten Sie daran, diese einzuhalten.

- Was wollen die anderen? Schärfen Sie Ihre Wahrnehmung für Gefühle und Bedürfnisse von anderen, indem Sie analysieren, was Sie mit Ihren Handlungsweisen bei anderen auslösen.

Wie groß ist Ihr Einfluss?

Fortsetzung: Checkliste: Veränderung der Grundhaltung „Verweigern"

- Wie können Sie andere unterstützen? Gehen Sie aktiv auf andere (Einzelne oder Gruppen) zu und bieten Sie ihnen Ihre Unterstützung an.

- Wie vereinbaren Sie Spielregeln mit anderen? Besprechen Sie mit Ihren Mitarbeitern, mit welchen Regeln die gemeinsame Arbeit am besten funktioniert.

- Welchen Job haben Sie? Überlegen Sie, wie Sie Ihren Job weiterentwickeln können, sodass er für Sie befriedend ist. Oder finden Sie eine neue Aufgabe oder ein anderes Betätigungsfeld, welches Ihnen besser liegt. Sprechen Sie mit Vertrauten darüber.

- Wer kann Sie unterstützen? Besprechen Sie Ihre Situation mit einem Menschen Ihres Vertrauens (z. B. einem Mentor) oder suchen sich professionelle Unterstützung, etwa bei einem Coach.

Aus vier Grundhaltungen lernen 10

Eine mentale Reise 104

Haltungen bei Mitarbeitern
beeinflussen 107

Haltung und Persönlichkeit 111

Eine mentale Reise

Nun laden wir Sie ein, an einer kleinen Übung teilzunehmen. In dieser Übung nehmen Sie gedanklich jede der vier Grundhaltungen ein. Dabei stellen Sie sich die unterschiedlichen Reaktionen und Verhaltensweisen vor, die für eine konkrete Führungsherausforderung in jeder der Grundhaltungen typisch wären. In dieser mentalen Übung lernen Sie, die vier Grundhaltungen besser zu verstehen, diese bei sich selbst und anderen einzuschätzen und Ansätze zur Weiterentwicklung Ihrer eigenen Haltung zu finden.

Es geht los:

Setzen Sie sich bequem auf einen Stuhl und atmen Sie ruhig ein und aus.

Stellen Sie sich zunächst eine ganz konkrete Führungssituation vor. Eine Führungssituation, die noch nicht allzu lange zurückliegt und die Sie noch gut in Erinnerung haben. Das kann eine schwierige Situation ebenso gewesen sein wie eine angenehme.

An welchem Ort war das? Wer war außer Ihnen selbst noch beteiligt? Was hat zu dieser Situation geführt? Welche Interessen sind im Spiel? Wie sahen Ihre Ziele aus? Was ist gut gelungen? Wo gab es Widerstände? Wie verhielten sich die anderen Beteiligten?

A) Befehlen

Gehen Sie gedanklich in die Grundhaltung „Befehlen" und denken Sie diese Situation aus dieser Grundhaltung heraus neu durch. Sie haben in dieser Grundhaltung eine starke Autorität, sind sich Ihrer Rolle sicher, wissen, was Sie können und kommen zu einer klaren und eindeutigen Einschätzung, was in dieser

Eine mentale Reise

Situation am besten zu tun ist. Mit dieser Einschätzung halten Sie nicht hinter dem Berg. Sie äußern Ihre Einschätzung, Ihre Erwartungen und Vorschläge klar und präzise. Sie erwarten, dass die anderen damit grundsätzlich einverstanden sind. Welche Gefühle das bei den anderen auslöst, ist Ihnen gleichgültig. Sie konzentrieren sich allein auf Ihre Vorstellungen. Die Bedürfnisse und Interessen der anderen, des Teams oder notfalls auch der gesamten Organisation sind für Sie in dieser Grundhaltung nicht das Entscheidende. Das allein Richtige ist das, was Sie denken.

Überlegen Sie nun, wie Sie sich in dieser Situation mit dieser Grundhaltung verhalten würden. Notieren Sie typische Handlungsweisen und Aussagen.

B) Sich fügen

Nehmen Sie nun bei der gleichen Situation gedanklich die Grundhaltung „Sich fügen" ein. Spielen Sie die Situation im Kopf noch einmal durch. Sie handeln mit hoher Verantwortung und Loyalität für die Organisation. Sie haben die Bedürfnisse, Gefühle und Interessen der einzelnen Mitarbeiter im Blick. Sie suchen nach einer Lösung, mit der Sie vor dem Hintergrund ihrer aktuellen Arbeitsbelastung auch emotional gut leben können. Bei kleinsten Stimmungsschwankungen im Team nehmen Sie dies sofort auf und überlegen, wie man auch die Unsicheren noch besser mit einbeziehen könnte. Gleichzeitig sind Sie aber unsicher, ob Ihre Vorschläge von den anderen aufgenommen werden. Aus diesem Grund lehnen Sie sich mit Ihrem Vorschlag nicht allzu weit aus dem Fenster. Wenn etwas von der Gruppe selbst kommt, ist das viel besser. Sie stimmen dem schnell zu, zur Not können Sie das später immer noch zurückziehen.

Überlegen Sie, wie Sie sich in dieser Situation mit der Grundhaltung „Sich fügen" verhalten würden. Schreiben Sie erneut die

Aus vier Grundhaltungen lernen

typischen Handlungsweisen und Aussagen auf. Wie unterscheiden sich diese von der ersten Situation „Befehlen"?

C) Verweigern

Kommen wir nun zur Grundhaltung „Verweigern". Natürlich geht es immer noch um die bekannte Situation. Es ändert sich erneut Ihre Einstellung und das daraus resultierende Verhalten. Sie nehmen eine Haltung ein, bei der Sie sich selbst nur schwach einbringen können. Aber auch die Verantwortungsübernahme fällt Ihnen schwer. Sie blicken tendenziell skeptisch oder negativ auf die Situation. Ihre Ideen sind hier nicht gefragt. Sie können nichts zur Veränderung der Situation oder zur Zielerreichung beitragen. Entweder beteiligen Sie sich gar nicht aktiv oder die anderen finden Ihre Beiträge unangemessen. Ihr Einfluss in der Situation ist nach Ihrer eigenen Einschätzung gering. Vielleicht liegen Sie mit Ihrer Einschätzung falsch, doch Sie sind davon überzeugt, dass das alles nichts bringt. Ist das schwer vorstellbar? Passt diese Einstellung nur auf bestimmte schwierige Situationen? Vielleicht haben Sie das zumindest ansatzweise schon einmal in der Vergangenheit erlebt. Oder Sie kennen andere, die mit dieser Haltung in eine Führungsrolle hineingehen.

Überlegen Sie auch hier wieder, welche Auswirkungen im Handeln diese Grundhaltung in Ihrer angedachten Situation hätte. Schreiben Sie einige Handlungsweisen und Sätze dazu auf.

D) Gestalten

Begeben Sie sich nun zum Abschluss im Rahmen Ihrer angedachten Situation gedanklich in die Grundhaltung „Gestalten". Spielen Sie durch, was sich ändern würde. Diese Grundhaltung ist von einer ausgesprochen positiv wahrgenommenen Autorität und einer hohen Verantwortung geprägt. Diese Einstellung ist die empfehlenswerte Grundhaltung bei Führungsaufgaben. Sie wissen, was Sie in der Organisation wert sind. Sie sind sich der Auswirkungen Ihres Handelns auf andere bewusst. Führen bedeutet für Sie das Abwägen vor dem Hintergrund möglicher Wirkungen auf das Ziel unter Einschluss der anderen Beteiligten. Auch negative Auswirkungen auf andere beachten Sie und bewerten dies im Gesamtkontext der Aufgabe. Auch wenn es im Rahmen Ihrer Situation unangenehme Aufgaben gibt, stellen Sie sich diesen und packen sie umsichtig an. Sie motivieren andere, auch skeptische Mitarbeiter, und beziehen diese im Rahmen der jeweiligen Situation in die Lösung mit ein.

Wie sähe Ihr Verhalten mit dieser Grundhaltung aus? Wie würden Sie in der Situation, die Sie sich vorgestellt haben, agieren und reagieren? Schreiben Sie wieder einige Handlungsweisen und Aussagen auf.

Sehen Sie sich nun alle Handlungsweisen und Formulierungen an, die Sie sich zu den vier Grundhaltungen notiert haben. Gibt es davon etwas, das Ihrer realen Handlung am besten entspricht? Falls Sie nicht schon alle Verhaltensweisen aus der Grundhaltung „Gestalten" in realiter gezeigt haben, sollten Sie sich überlegen, wie Sie Ihre Gestaltungskraft in ähnlichen Situationen stärken könnten. Suchen Sie nach Handlungen und Aussagen aus der gestaltenden Grundhaltung, die sich gut auf andere Situationen übertragen lassen und testen Sie diese.

Haltungen bei Mitarbeitern beeinflussen

Die Arbeit in einem Team oder in einer Abteilung ist am produktivsten, wenn nicht nur die Führungskraft, sondern auch die Mitarbeiter aus der Grundhaltung „Gestalten" heraus agieren.

Aus vier Grundhaltungen lernen

Das führt in der Regel zu einem konstruktiven Austausch, auch Mitarbeiter nehmen gestalterisch Einfluss auf die Zielerreichung und die Zusammenarbeit. Sie zeigen Selbstinitiative und diskutieren ihre Meinung offen, mit Kollegen und Vorgesetzten gleichermaßen.

Für gewöhnlich ist das ein Idealbild, oft nehmen die verschiedenen Mitarbeiter unterschiedliche Haltungen ein. Als Führungskraft müssen Sie lernen, damit umzugehen, damit dies nicht zu Reibungsverlusten oder unproduktiven Wechselwirkungen führt.

Handeln Führungskräfte z. B. aus der Haltung „Befehlen" heraus, können Mitarbeiter sich davon beeinflussen lassen und in die Haltung „Sich fügen" oder „Verweigern" rutschen. Das Verhalten, welches daraus resultiert, begründen diese Mitarbeiter im Anschluss oft mit dem Verhalten der Führungskraft.

Agieren Sie dagegen aus der Haltung „Gestalten" heraus, so kann dies Ihre Mitarbeiter dazu anregen, ebenfalls in diese Haltung zu wechseln. Aber das ist kein Automatismus.

Übrigens: Die typischen Antworten, die in den fiktiven Interviews beispielhaft für Führungskräfte formuliert wurden, könnten in ähnlicher Art und Weise auch von Mitarbeitern kommen. Seien Sie aufmerksam gegenüber verbalen und nonverbalen Signalen. Sie können Ihnen wichtige Hinweise zur momentanen Einstellung Ihrer Mitarbeiter liefern.

Um die Haltungen Ihrer Mitarbeiter positiv zu beeinflussen, können Sie die folgende Checkliste durchgehen. Dass es dabei keinen Königsweg gibt, wird anhand der Entscheidungsfragen deutlich. Prüfen Sie daher als „gestaltende" Führungskraft jede einzelne Situation von Neuem.

Haltungen bei Mitarbeitern beeinflussen

Checkliste: Prüffragen zur Entwicklung einer „gestalterischen Grundhaltung" bei Mitarbeitern

- Soll ich dem Mitarbeiter den Rücken stärken, indem ich seine Befürchtungen bei der neuen Aufgabe ernst nehme und die Herausforderung mit ihm gemeinsam bespreche und ihn unterstütze?
- Oder soll ich andere Mitarbeiter dazu auffordern, diesen Mitarbeiter zu unterstützen?
- Oder wäre es angebracht, diesem Mitarbeiter einen klar definierten Freiraum zu geben und zu warten, ob und in welcher Form er eigene Unterstützung anfordert?
- Soll ich dem Mitarbeiter eigene Lernerfahrungen zugestehen mit dem Risiko, dass er Fehler macht, und die Lernerfahrungen im Anschluss mit ihm reflektieren?
- Welche Einstellung des Mitarbeiters kann und sollte ich positiv beeinflussen? Ist dieser eher zu defensiv (z. B. zu geringe Autorität) oder ist dieser Mitarbeiter zu stark ichbezogen (z. B. zu geringe Verantwortung)?
- Welche Stärken und Schwächen hat der Mitarbeiter, wie gebe ich ihm Feedback zu dieser Einschätzung? Welche Entwicklungsimpulse gebe ich ihm und welche vereinbare ich mit ihm?
- Wie greife ich Entwicklungswünsche des Mitarbeiters auf?
- Welche Möglichkeiten der Weiterentwicklung ergeben sich in meiner Organisation oder in benachbarten Organisationseinheiten?
- Welche neuen Herausforderungen im vorhandenen Job oder in einem neuen Job gibt es für den Mitarbeiter, die ihn in der Entwicklung weiterbringen?

Aus vier Grundhaltungen lernen

Fortsetzung: Checkliste: Prüffragen zur Entwicklung einer „gestalterischen Grundhaltung" bei Mitarbeitern

- Wie kann ich die Instrumente der Personalentwicklung zur Weiterentwicklung für den Mitarbeiter nutzen, z. B. Job-Enrichment, Job-Enlargement, Weiterbildung on-the-job, near-the-job und off-the job?
- Gibt es Projekte, bei denen der Mitarbeiter zusätzlich zu seiner Linien-Aufgabe mitarbeiten kann, z. B. abteilungsübergreifend?
- Welche Unterstützung kann ich mithilfe unserer Personalabteilung oder eines externen Coachs organisieren?
- Mit welchen Grenzen des Mitarbeiters muss und will ich leben, weil sich hier keine Weiterentwicklung zeigt oder mehrere Versuche bereits fehlgeschlagen sind?
- Sollte ich lieber einen Mitarbeiterwechsel herbeiführen, weil die Grenzen des Mitarbeiters nicht zur Aufgabe passen?
- Stimmt meine Vorstellung von der Weiterentwicklung des Mitarbeiters mit derjenigen überein, die der Mitarbeiter selbst hat?
- Was mache ich, wenn der Mitarbeiter sich selbst nicht weiterentwickeln will, weil er mit der Situation zufrieden ist?
- Wo übertreibe ich eine Weiterentwicklung, überfordere Mitarbeiter und erziele dadurch vielleicht ein Abrutschen in das Verweigern? Erreiche ich so das Gegenteil von dem, was ich erreichen wollte?
- In welchen Bereichen bin ich als Führungskraft kompromissbereit und welche Grenzüberschreitungen kann ich nicht akzeptieren?
- Wie kann ich mittels Team-Maßnahmen in meine gesamte Abteilung mehr Schwung bringen, z. B. mithilfe eines Teamentwicklungsworkshops?

Haltung und Persönlichkeit

Wenn Menschen ihre Haltung weiterentwickeln sollen oder wollen oder sich diese situativ ändert, lohnt es, einen Blick auf die Persönlichkeitsstruktur zu werfen (siehe Kapitel 2 bis 6). Dies hilft bei der persönlichen Weiterentwicklung. An einem Fallbeispiel skizzieren wir solch eine Entwicklung.

> **Der Fall Eva Meier**
>
> Eva Meier ist Personalreferentin in einem großen Dienstleistungsunternehmen in der Logistik. Nach einer Analyse mit einem Coach stellt sie fest, dass sie sich in der Grundhaltung „Sich fügen" befindet, vor allem ihr Selbstwertgefühl und ihre Durchsetzungsfähigkeit sieht sie selbst kritisch. Sie handelt aus einer großen Verantwortung für ihre Teamkollegen und für das Unternehmen heraus, aber sie ist unzufrieden damit, dass sie ihre Fähigkeiten in dem Unternehmen nicht richtig einbringen kann. Oft schon wurde sie abgeblockt und zog sich dann auch schnell zurück. Manchmal fühlt sie sich behandelt wie eine Praktikantin. Darunter leidet ihr Selbstwertgefühl immer stärker. Frau Meier traut sich kaum noch, ein eigenes Urteil zu fällen und zu vertreten. Für Aufstiegspositionen werden Kolleginnen vorgeschlagen, obwohl sie sich selbst für qualifizierter hält.
>
> Frau Meiers Persönlichkeitsprofil lautet „INFJ": Sie verhält sich eher introvertiert mit einer intuitiven Wahrnehmung. Sie zieht schnell Schlüsse und sieht Verbindungen; mit Details tut sie sich manchmal schwer. Sie ist in ihrer Eigenorganisation strukturiert und ergebnisorientiert. Sie bewertet vorwiegend gefühlsorientiert, achtet auf Gefühle und Stimmungen anderer und kann diese auch für eine Sache begeistern.

Aus vier Grundhaltungen lernen

Der Coach lässt sich Frau Meiers Arbeitsalltag von ihr selbst beschreiben. Sie hat viele Gespräche mit Mitarbeitern über deren Weiterentwicklung und den entsprechenden Qualifizierungsbedarf zu führen. Daneben ist Frau Meier für ein zentrales Qualifizierungsprojekt verantwortlich. In den Einzelgesprächen hatte Frau Meier durchaus positives Feedback zu ihrer Arbeit erhalten. Die Mitarbeiter schätzen ihren verantwortlichen und gewissenhaften Umgang mit ihren Anliegen. Viele Vorschläge, die sie im Gespräch entwickelt, stoßen in der Regel bei den Mitarbeitern auf Zustimmung. Gleichzeitig stellt sich jedoch heraus, dass sich Frau Meier in den Gesprächen häufig einseitig auf die Seite der Mitarbeiter stellt. Sie bringt selten die Perspektive des Unternehmens mit ins Spiel. So bleiben im Gespräch manche einseitigen Eindrücke von den Mitarbeitern ohne eine notwendige Einordnung in den Gesamtzusammenhang stehen.

Frau Meier hat zwar das Gefühl, dass bei manchen kritischen Themen widersprochen werden müsste – das hat sie aber nie getan. Stattdessen hat sie mit viel Verständnis die subjektiven Sichtweisen lediglich verstärkt. So blieben problematische Aspekte eines Themas oft ungeklärt zurück.

In den Gesprächen mit dem Coach hat Frau Meier folgende Ansatzpunkte zu ihrer eigenen Weiterentwicklung erarbeitet:

Zunächst wird Frau Meier üben, auch problematische Aspekte frühzeitig anzusprechen. Sie wird dann wahrnehmen, wie das auf andere wirkt. Damit setzt sie sich mit ihrer Befürchtung auseinander, andere zu „nerven" oder ihnen „auf die Füße zu treten" (negative Folge der „Feeling-Orientierung"). Aufgrund ihrer Introversion neigt sie dazu, etliche Unklarheiten erst lange zu durchdenken. Doch Frau Meier darf sich das nicht selbst zu eigen machen, was eine

Haltung und Persönlichkeit

Folge ihrer starken Verantwortungshaltung in Richtung „Sich fügen" ist.

Diese Übung fiel Frau Meier zwar schwer, aber mit der Zeit entwickelte sie eine gewisse Sicherheit darin. Zumal sie feststellte, dass das frühzeitige Ansprechen die Sache nicht verkomplizierte, sondern die Gesprächspartner oft sehr offen damit umgingen und dankbar dafür waren, im Gespräch auf den Kern des Problems zu stoßen. Das stärkte Frau Meiers Durchsetzungsfähigkeit, einen Aspekt ihrer Autorität.

Sodann sollte Frau Meier mithilfe eines Mentaltrainings lernen, mit abweisenden Reaktionen souverän und gelassen umzugehen.

In der weiteren Arbeit lernte Frau Meier, sich in kritischen Diskussionen und Auseinandersetzungen zu behaupten. Dabei sollte sie ihre Stärken einbringen: Zusammenhänge schnell erkennen, kreative Vorschläge machen, andere in ein Gespräch gut mit einbeziehen etc.

Ihre Strukturiertheit im Persönlichkeitsprofil half Frau Meier dabei, ihren Lernprozess gründlich zu organisieren. Nachdem sie ihre Lernziele festgelegt hatte, ließ sie einmal pro Woche Revue passieren, was sie neu angepackt hatte, wo und wie es ihr gelungen war, schneller als gewohnt die eigene Position darzustellen und auch kritische Dinge gegenüber den Mitarbeitern anzusprechen. Ebenfalls kritisch blickte sie auf die Situationen, in denen sie nicht vorangekommen war, analysierte diese und überlegte sich, wie sie in einem ähnlichen Fall anders handeln könnte.

Nach anfänglicher Unsicherheit gelang es Frau Meier immer besser, die eigenen Ziele umzusetzen. Damit wuchs ihr Selbstvertrauen (Faktor Selbstwert) und sie brachte auch in

Aus vier Grundhaltungen lernen

> den internen Besprechungen ihre fachliche Autorität stärker ein. Diese gewachsene Kompetenz fiel im Unternehmen auf und wurde ihr in den Jahresgesprächen positiv zurückgemeldet. Damit war es Eva Meier gelungen, ihr Selbstvertrauen zu stärken und deutlich mehr Autorität in ihrem Arbeitskontext zu entwickeln, um von einer sich fügenden in eine gestaltende Grundhaltung zu wechseln – und das auf Basis Ihrer Persönlichkeitsstruktur.

Was können Sie alles? 11

Führungskompetenzen 116
Zielorientierung 119
Innovationsfähigkeit 126
Motivationsfähigkeit 130
Kommunikationsfähigkeit 136
Teamfähigkeit 140
Konfliktmoderation 144
Erfolgskontrolle 150
Kompetenzen weiterentwickeln 156

Führungskompetenzen

Neben der eigenen Persönlichkeit und Haltung oder Einstellung geht es beim Thema Führung auch um die Führungskompetenzen. Was muss eine Führungskraft können, was sind – neben der notwendigen fachlichen Kompetenz und der Erfahrung in bestimmten Arbeitsfeldern – die Schlüsselqualifikationen, die dabei helfen, eine Führungsrolle erfolgreich auszuüben?

Die sieben wichtigsten Schlüsselkompetenzen

In der Führungstheorie und -praxis werden Kompetenzen genannt, die für eine erfolgreiche Führung erforderlich sind. Wir stellen Ihnen daraus die sieben wichtigsten Schlüsselkompetenzen vor. Daran können Sie erkennen, welche Fähigkeiten Sie für Ihre Führungsaufgabe konkret benötigen.

Führungskompetenz zeigt sich im tatsächlichen Verhalten. Ist das Verhalten in einem bestimmten Kontext, in einer spezifischen Situation angemessen oder unangemessen? Sind Sie in der Lage, aus Ihrem Repertoire an Fähigkeiten und Erfahrungen schnell und selbstständig die richtige Verhaltensweise auszuwählen? Oder fällt es Ihnen schwer, eine bestimmte Kompetenz flexibel und selbstorganisiert in den unterschiedlichsten Situationen zu nutzen? Ob Sie angemessen handeln oder nicht und wie stark Ihre Kompetenz in einem Bereich ausgebildet ist, ist immer Sache der subjektiven Einschätzung. Es kann sein, dass Sie sich selbst z. B. als hoch teamfähig einschätzen, aber andere das Gegenteil behaupten. Das geht natürlich auch umgekehrt: Andere bescheinigen Ihnen etwa eine hohe Fähigkeit in der Erfolgskontrolle, aber Sie selbst sehen Ihre Stärken in anderen Bereichen.

Erst wenn Sie selbst darüber nachdenken, wo und wie Sie bestimmte Kompetenzen nutzen und sich Feedback von anderen holen, ob diese das genauso oder anders sehen, kommen Sie allmählich zu einer situationsbezogenen und realistischen Einschätzung. Das Instrument „Future Skills for Leadership" kann Ihnen dabei helfen.[9]

Selbst- und Fremdeinschätzung

Da, wo Selbst- und Fremdeinschätzung auseinanderklaffen, können Sie blinde Flecken entdecken. An den Stellen, an denen Selbst- und Fremdeinschätzung übereinstimmen, können Sie Bestätigung finden. Bei gering ausgebauten Kompetenzen zeigen sich Lernfelder, blinde Flecken sollten verkleinert werden. Denn nur wer sich selbst gut und realistisch einschätzen kann mit all seinen Präferenzen, Haltungen und Kompetenzen und mit allen Stärken und Schwächen, kann an seiner Führungsrolle arbeiten und diese ausbauen.

Führungskompetenzen sind keine angeborenen Talente. Sie sind auch keine Fähigkeiten, die einmal entwickelt werden und dann auf gleichbleibendem Niveau verharren. Kompetenzen werden bei kontinuierlicher Anwendung, mittels Training und Erfahrung ausgebildet. Auch ein Sportler muss kontinuierlich daran arbeiten, sein Niveau zu halten. Sie als Führungskraft entwickeln Ihre Kompetenzen mithilfe Ihrer Tätigkeit, bei der Reflexion, durch die Auseinandersetzung mit ihren Wirkungen. Sie nutzen Ihr Wissen und Ihre Qualifikationen, um neue Situationen einzuschätzen und können dann in ähnlichen Situationen eigenständig und „selbstorganisiert" handeln.

„Gute" und „schlechte" Kompetenzen

Was nun aber eine „gute" oder eine „schlechte" Kompetenz ist, lässt sich nicht immer eindeutig beantworten. Denn dabei spielt

---

[9] Das Power-Potential-Profile® der flow consulting gmbh beinhaltet das 360-Grad-Feedback-Verfahren, Future Skills for Leadership (FSL). Hiermit können anhand eines standardisierten Fragebogens 360-Grad-Einschätzungen zu sieben relevanten Führungs-Skills abgefragt werden, s. dazu im Anhang.

Was können Sie alles?

auch die Erwartung der Organisation an ihre Führungskräfte eine Rolle. Manche Organisationen legen auf die Erfolgskontrolle mehr Wert als andere. Manche legen mehr Wert als andere darauf, dass die Mitarbeiter sich unter einer Führungskraft entfalten können. Und diese Erwartungen können sich ändern. Das kann aufgrund veränderter Marktanforderungen, neuer Strategien oder eines neuen Vorgesetzten, eines neuen Vorstands oder einer neuen Geschäftsführung angestoßen werden. Plötzlich gilt die Teamorientierung nicht mehr so viel wie früher. Oder es werden Mitarbeiter nach ihrer Meinung gefragt, was vorher vielleicht nicht der Fall war.

Vor dem Hintergrund dieser Anforderungen und Erwartungen werden auch Ihre Kompetenzen als Führungskraft bewertet. Aber Sie als Führungskraft (und selbstverständlich auch als Mitarbeiter) können natürlich ebenfalls Einfluss auf die Bewertung von Kompetenzen und Verhaltensweisen in Ihrer Organisationseinheit nehmen. Wenn Sie die Führungsrolle mit einer gestaltenden Haltung wahrnehmen, beeinflussen Sie die Sichtweise einer Organisation auf notwendige Führungskompetenzen. Sie können z. B. auf eine stärkere Zielorientierung Wert legen, dies einfordern, in Management-Konferenzen entsprechende Instrumente zur Einführung vorschlagen oder Projekte mit klareren Zielbestimmungen verlangen. Achten Sie daher bei der Beschreibung und Einschätzung Ihrer Kompetenzen auf die Erwartungen im Umfeld und gleichzeitig auf Ihre eigenen Werte und Vorstellungen.

Folgende sieben Kompetenzfelder lassen sich als wesentliche Schlüsselkompetenzen beschreiben:

- Zielorientierung
- Innovationsfähigkeit
- Motivationsfähigkeit
- Kommunikationsfähigkeit

- Teamfähigkeit
- Konfliktmoderation
- Erfolgskontrolle

In den folgenden Kapiteln erfahren Sie mehr über diese sieben Kompetenzen.

Zielorientierung

Ziele geben Orientierung und fokussieren die Aktivitäten der Mitarbeiter in einer Organisation auf deren Strategie und Gesamtausrichtung. Mit Zielen können notwendige Anpassungen, Verbesserungen oder Innovationen vorangebracht werden. Mit Zielen lassen sich angestrebte Zustände definieren. Und es braucht Parameter, an denen man erkennen kann, ob die gesetzten und vereinbarten Ziele umgesetzt wurden.

Doch zielorientiertes Verhalten eröffnet für Führungskräfte auch ein Spannungsfeld. Wer sich zu stark auf seine oder die Ziele der Organisation fixiert, engt seine Perspektive ein. Es können „Scheuklappen" entstehen, wenn man nichts anderes als sein einmal vereinbartes Ziel im Blick hat. Man sieht unter Umständen die sich anbahnenden Veränderungen in seinem Umfeld nicht und schafft es nicht, bei kurzfristigen Veränderungen umzusteuern.

Was können Sie alles?

Zur Kompetenz zielorientierten Verhaltens zählt es in der Praxis, die Vor- und Nachteile von Zielen im Blick zu behalten. Das erfordert mehr als nur eine „klassische Gratwanderung", in der ich von beidem (Zielorientierung und Zieloffenheit) in etwa gleich viel mache und damit versuche, weder für zu viel noch für zu wenig Zielorientierung zu sorgen. Stattdessen muss immer neu überlegt werden, in welcher Situation mehr Klarheit und eine eindeutigere Zielorientierung vonnöten sind und in welcher Situation übertrieben wurde und mehr Offenheit guttäte, damit flexible Lösungen entstehen können.

Die Kompetenz Zielorientierung beinhaltet somit auch die Fähigkeit, die Grenzen einer einseitigen Zielorientierung wahrzunehmen und gegebenenfalls umsteuern zu können.

Führungskräfte sollten die Spannung dieses Dilemmas erkennen und aushalten. Sie sollten weder die eine Seite (klare Ziele), noch die andere Seite (lass es im Ungefähren) ausblenden. Und sie sollten sich bewusst darüber Gedanken machen, welcher Seite sie in welcher Situation warum den Vorzug geben.

Zielsetzung	
Vorteile von Zielen	**Nachteile von Zielen**
Ziele lenken Handlungen von Einzelnen in eine gemeinsame Richtung.	Ziele begrenzen den Spielraum für Veränderungen. Man blickt nicht mehr über den Tellerrand.
Ziele beschleunigen Entscheidungsprozesse (man muss die Diskussion nicht immer wieder von Neuem beginnen).	Anpassungen an kurzfristige Veränderungen in der Umwelt werden verhindert, notwendige Diskussionen unterlassen.
Ziele vermitteln Klarheit für das weitere Vorgehen.	Das Gespür für Unklarheiten/Trends/frühe Signale von Veränderungen geht verloren.

Zielorientierung

Fortsetzung: Zielsetzung

Die Koordination zwischen den Beteiligten (Mitarbeiter, Abteilungen usw.) wird erleichtert.	Freiräume für Mitarbeiter, Gruppen oder Abteilungen gehen verloren. Erst infolge von Abweichungen entstehen Alternativen.
Ziele beschleunigen Entscheidungsprozesse (man muss die Diskussion nicht immer wieder von Neuem beginnen).	Anpassungen an kurzfristige Veränderungen in der Umwelt werden verhindert, notwendige Diskussionen unterlassen.
Mitarbeitern wird ein Handlungsrahmen vorgegeben (Orientierung), sie fühlen sich motiviert (was soll passieren, wie und warum).	Mitarbeiter fühlen sich eingeengt, Handlungsvielfalt und Kreativität wird begrenzt.
Gemeinsame Ziele schweißen zusammen (wir stehen alle für ein Ziel).	Ziele lassen keine Querdenker zu, Innovation wird verhindert.

Eine Orientierungshilfe bei der Formulierung von Zielen bieten die SMART1- und SMART2-Kriterien.[10]

SMART1-Kriterien für die Zielformulierung	
spezifisch	genau beschreiben, welcher Zustand angestrebt wird
messbar	festlegen, wie (Instrument) und woran (Höhe) das Angestrebte erkannt werden kann
anspruchsvoll	das Neue und Herausfordernde klar benennen
realistisch	erläutern, wieso eine Zielerreichung machbar ist
terminiert	bestimmen, bis wann der neue Zustand erreicht ist (Stichtag)

---
[10] SMART1 vgl. Drucker, P. (1954): Die Praxis des Managements; SMART2 vgl. Kannenberg, D. u. a. (2007): Handbuch Führung, S. 182

Was können Sie alles?

SMART2-Kriterien für die Zielformulierung	
steuerbar	Das Erreichen des Ziels kann vom Betroffenen (Team, Mitarbeiter, ...) beeinflusst werden.
maßnahmen-unabhängig	Die Beschreibung des Ziels lässt die Wahl der Wege zur Zielerreichung offen (sonst wäre es kein Ziel, sondern eine Aufgabenbeschreibung).
attraktiv	Das Ziel ist für den Betroffenen erstrebenswert.
relevant	Das Ziel ist für die Organisationsstrategie bedeutsam.
temporär	Das Ziel wird in festgelegten Zeiträumen (z. B. jährlich) neu justiert und vereinbart.

Übung:
Selbstreflexion – Zielorientierung

Mit den folgenden Fragen können Sie Ihr eigenes Verhalten im Bereich „Zielorientierung" reflektieren. Spielen Sie in Gedanken konkrete Führungssituationen durch und identifizieren Sie Ihre Stärken und Schwächen im Verhalten als Führungskraft. Überlegen Sie auch, ob Ihre Kollegen oder Mitarbeiter diese Einschätzungen teilen würden und wo gegebenenfalls Abweichungen in der Fremdeinschätzung zu erwarten sind.

- In welchen Situationen formulieren Sie für sich Ziele?
- In welchen Situationen formulieren Sie für andere Ziele?
- In welchen Situationen arbeiten Sie mit Zielen?
- Wie sind die Ziele formuliert?
- Wie weit beziehen Sie Mitarbeiter in die Formulierung von Zielen ein?
- Wie oft kontrollieren Sie die Zielerreichung?

Zielorientierung

- Wie gehen Sie mit Abweichungen von Zielen um?
- Inwieweit werden die Ziele von Ihren Mitarbeitern getragen?
- Mit welchen Zielen werden Sie von anderen konfrontiert?
- Welchen Einfluss auf die Ausgestaltung der Ziele nehmen Sie?

Zur Veranschaulichung der Kompetenz „Zielorientierung" sehen Sie sich bitte den Fall Klaus Müller an.

Der Fall Klaus Müller

Herr Müller ist neu in seiner Rolle als Führungskraft. Bisher kannte er seine Ziele nur aus der Rolle als Mitarbeiter, denn er hatte sie im jährlichen Mitarbeitergespräch mit seinem Vorgesetzten diskutiert. Mit der Übernahme von Führungsverantwortung für einen Bereich von 80 Mitarbeitern wurde ihm klar, dass er die Zielorientierung in seinem Bereich weiter stärken muss.

- Es müssen klare und angemessene Ziele für den gesamten Bereich definiert werden, die im Einklang mit der Gesamtstrategie des Unternehmens stehen und deren Ergebnis klar bewertet werden kann.
  - Herr Müller definiert qualitative und quantitative Messkriterien für die Bereiche Prozessoptimierung, Mitarbeiterförderung und Finanzen.
- Die definierten Ziele muss Herr Müller seinen Teamleitern vermitteln.
  - In einem gemeinsamen Workshop stellt Herr Müller die Bereichsziele vor und diskutiert diese mit seinen Teamleitern.

Was können Sie alles?

- Die Ziele müssen regelmäßiger als in der Vergangenheit überprüft werden.
  - Herr Müller führt ein regelmäßiges Reporting ein. Alle zwei Monate berichten die Teamleiter über den aktuellen Umsetzungsstand und an welchen „Baustellen" sie arbeiten. Gleichzeitig wird vereinbart, dass Probleme bei der Umsetzung jederzeit bei Herrn Müller angesprochen werden.
- Schwierigkeiten in der Umsetzung von Zielen müssen offen besprochen und Lösungen entwickelt werden.
  - Herr Müller motiviert seine Teamleiter, Probleme frühzeitig anzusprechen. In diesen Gesprächen werden Maßnahmen zur Minimierung oder Lösung der Probleme festgehalten. Dabei achtet Herr Müller darauf, dass keine Schuldzuweisungen entstehen, um die Offenheit im Team zu fördern.
- Widerstand gegen Ziele muss Herr Müller aushalten.
  - Einige Teamleiter ziehen sich zurück und versuchen, hinter dem Rücken von Herrn Müller wegen der aus ihrer Sicht zu ambitionierten Ziele schlechte Stimmung zu verbreiten. Erst hat Herr Müller dies ignoriert, doch dann entschließt er sich dazu, dieses Verhalten in Einzelgesprächen anzusprechen und fordert einen konstruktiven Umgang mit den Problemen bei der Umsetzung der Ziele. Dort wo es sinnvoll ist, passt Herr Müller die Zielsetzungen an.
- Um Ziele zu erreichen, muss Herr Müller für notwendige Ressourcen auf anderen Ebenen außerhalb seines direkten Führungsbereichs kämpfen.
  - Die besondere Marktsituation im Produktsegment, das Herr Müller verantwortet, erforderte das Vorziehen von größeren Investitionen, die erst für das übernächste

Zielorientierung

Jahr geplant waren. Im Rahmen einer Klausur mit dem Vorstand erläutert er diese Situation und setzt sich für ein Vorziehen der geplanten Investition ein. Die Konsequenzen für die anderen Produktsegmente werden diskutiert. Gemeinsam trifft man weitere Absprachen zur wechselseitigen Unterstützung der anderen Bereiche.

- In Fällen, bei denen sich Rahmenbedingungen grundlegend geändert haben, muss man Ziele vorzeitig ändern.
  - Ein Kunde stoppt einen fest eingeplanten Großauftrag. Ziele müssen dann angepasst und verändert werden. In einer Besprechung wird über die neue Situation informiert, man bespricht erste Konsequenzen.
- Um gute Anpassungsmöglichkeiten der Mitarbeiter an unsichere Marktverhältnisse zu ermöglichen, geht Herr Müller einen neuen Weg: Er definiert für einen Bereich bewusst keine Ziele.
  - Ein Marktsegment ist extrem schlecht einzuschätzen und zu planen. Die Prognosen der Vergangenheit haben sich durchweg als falsch herausgestellt, das Kundenverhalten ist sprunghaft, die Technik der Produkte verändert sich sehr schnell, neue Mitbewerber treten mit ungewöhnlichen Ideen auf. Ziele hatten in der Vergangenheit eine trügerische Sicherheit vermittelt: Weil zu lange an ihnen festgehalten wurde, wurden wichtige Aspekte ausgeblendet. Obwohl die Mitarbeiter klare Zielvorgaben erwarteten, gab Herr Müller in diesem Jahr für dieses Segment nicht wie gewohnt Ziele vor. Stattdessen ermutigte er die Mitarbeiter, das Umfeld zu „erforschen". Die Vertriebsmannschaft führt eigenständige Marktforschungen durch, indem sie mit vielen Kunden und Ansprechpartnern in dem Bereich ohne direkte Verkaufsabsicht Gespräche über den Markt führt.

Was können Sie alles?

Innovationsfähigkeit

Die Fähigkeit, den Bedarf an Innovationen zu erkennen, darauf zu reagieren und die Zukunft gestalterisch in den Blick zu nehmen, ist bei sich schnell verändernden Rahmenbedingungen für Mitarbeiter und Organisationen überlebensnotwendig. Die Auseinandersetzung mit Innovationen ist aber immer auch mit Unsicherheit verbunden und folgt keinem linearen Muster.

Die Innovationsfähigkeit von Personen beinhaltet daher neben Analyse- auch Umsetzungsfähigkeiten; es müssen sowohl Innovationsbedarf als auch Dysfunktionen in den Strukturen, Prozessen oder im Verhalten erkannt werden.

Innovationsfähige Führungskräfte gestalten Zukunft. Sie schieben notwendige Veränderungen an und arbeiten mit einer positiven Grundhaltung am Alten, um für die Notwendigkeiten des Neuen Platz zu machen. Da Innovationen nur selten einhellig begrüßt werden, begeben sich innovationsfähige Führungskräfte in die Auseinandersetzung mit dem zu erwartenden Widerstand. Sie schaffen es, für eine Übergangszeit die Logik des Alten und die Logik des Neuen im Tagesgeschäft in ihrem Spannungsverhältnis zueinander auszuhalten und positiv zu gestalten.

Innovationsfähigkeit

Zur Innovationsfähigkeit gehört es, Neues kreativ zu entwickeln und gleichzeitig mit Konsequenz dafür zu kämpfen, dass die Innovation umgesetzt wird. Eine Orientierungshilfe bietet dabei das Vier-Felder-Konzept der Innovation.

Das Vier-Felder-Konzept der Innovation			
	Person		
Struktur	Individuelles Können FÄHIGKEIT	Persönliches Wollen BEREITSCHAFT	**Kultur**
	Situatives Ermöglichen MÖGLICHKEIT	Soziales Dürfen ZULÄSSIGKEIT	
	Organisation		

Alle vier Felder wirken auf die Innovationsfähigkeit einer Organisation ein. Als innovative Führungskraft müssen Sie alle vier Felder gestalten können:

- Wie stärken Sie Ihre eigene Fähigkeit und die der Mitarbeiter, um neue Ideen zu finden? Gibt es Möglichkeiten und Instrumente, mit denen die Mitarbeiter ihre eigene Kreativität fördern und einsetzen können? (FÄHIGKEIT)

- Wie motivieren Sie sich und die Mitarbeiter, Neues auszuprobieren? Wird dies eher skeptisch beäugt oder werden Experimente und kreative Vorschläge zugelassen? (BEREITSCHAFT)

- Wie sehen die anderen auf Innovationsbemühungen Einzelner? Wird dies eher skeptisch beäugt oder gefördert? Was tun Sie dafür, damit Ihre eigenen Innovationen und die Ihres Teams gewürdigt werden? Wie zeigen Sie, dass Sie Innovationen unterstützen und nicht als „neunmalkluge Besserwisserei" abtun? (ZULÄSSIGKEIT)

Was können Sie alles?

- Welche Rahmenbedingungen und Strukturen schaffen Sie, damit Innovationen auf fruchtbaren Boden treffen? Gibt es z. B. Innovationsworkshops, Freiraum zum Ausprobieren von neuen Ideen oder Diskussionsforen? (MÖGLICHKEIT)

Prüfen Sie anhand der Übung zur Selbstreflexion Ihre eigene Innovationsfähigkeit.

> **Übung:**
> **Selbstreflexion – Innovationsfähigkeit**
>
> Mit den folgenden Fragen können Sie Ihr eigenes Verhalten im Bereich „Innovationsfähigkeit" reflektieren.
>
> Spielen Sie in Gedanken konkrete Führungssituationen durch und identifizieren Sie Ihre Stärken und Schwächen im Bereich „Innovationsfähigkeit". Überlegen Sie auch, ob Ihre Kollegen oder Mitarbeiter diese Einschätzungen teilen würden und wo gegebenenfalls Abweichungen in der Fremdeinschätzung zu erwarten sind.
>
> - Ermutigen Sie Ihre Mitarbeiter, Veränderungs- und Verbesserungsvorschläge zu machen und unterstützen Sie diese bei der Umsetzung?
> - Wie oft überdenken Sie, ob das, was und wie Sie (oder Ihre Organisationseinheit) etwas tun, noch richtig ist?
> - Wie oft analysieren Sie die Veränderungen in Ihrem Umfeld oder Markt?
> - Welche wichtigen Neuerungen haben Sie sich persönlich in den letzten zwölf Monaten vorgenommen?
> - In welchen Veränderungsprozessen waren Sie in den letzten zwölf Monaten aktiv oder passiv eingebunden, was war Ihre Rolle dabei?

Innovationsfähigkeit

- Wenn Sie Probleme erkennen: Lernen Sie daraus, suchen Sie nach Lösungen oder resignieren Sie eher?
- Wenn Sie eine Veränderung initiieren: Halten Sie daran auch fest?
- Überprüfen und begleiten Sie die Umsetzung von Veränderungen/Neuerungen?
- Wenn es Widerstände bei der Umsetzung einer Innovation bzw. Veränderung gibt: Versuchen Sie, diesen Widerstand zu überwinden oder die Veränderung über Umwege zu realisieren?
- Zu welchem Ergebnis haben die Veränderungen/Neuerungen geführt, die Sie vorangetrieben oder begleitet haben?

Zur Veranschaulichung der Kompetenz „Innovationsfähigkeit" erläutern wir wiederum ein Fallbeispiel.

Der Fall Heike Schneider

Frau Schneider arbeitet seit fünf Jahren als Führungskraft im Bereich Controlling eines großen Dienstleisters. Sie stellt sich die Frage, was Innovation in ihrem Bereich bedeutet. Ihre Antworten gleicht sie mit ihren Kollegen ab. Daraus entwickelt sie folgendes Vorgehen:

- Schritt für Schritt arbeitet sie an einer offenen Fehlerkultur – jetzt werden auch ungewöhnliche Ideen ohne „Spitzen" diskutiert.
- Regelmäßig bewertet Frau Schneider die Wirksamkeit ihrer Controlling-Instrumente mit Kollegen aus dem operativen Geschäft und überlegt, ob diese aktualisiert oder erneuert werden müssen.

Was können Sie alles?

- Im letzten Jahr stellte sie die Abteilung auf neue Software um und änderte die Abteilungsstrukturen. Bewährte Prozesse integrierte sie in die neuen Abläufe.
- Sie achtet darauf, dass nicht zu viele Veränderungen auf einmal durchgeführt werden – so kann sie sich um die Probleme in der Umsetzung kümmern und gleichzeitig mit ihren anderen Aufgaben Schritt halten.
- Frau Schneider motiviert die Mitarbeiter, eigene Vorschläge einzubringen. Veränderungen, die die Mitarbeiter vorantreiben, wertet sie regelmäßig aus.
- Bei Kritik an der Arbeit der Controlling-Abteilung überprüft sie, ob diese implizite Hinweise darauf beinhaltet, dass bestimmte Prozessstrukturen nicht passen.

Motivationsfähigkeit

Was bei sich selbst für Motivation sorgt, motiviert nicht automatisch auch andere. Führungskräfte können deshalb nicht zwangsläufig von sich auf andere schließen. Wenn Sie jedoch wissen, was Sie selbst und was Ihre Mitarbeiter im Rahmen der Arbeit motiviert, können Sie mit unterschiedlichen Mitteln darauf eingehen.

Motivationsfähigkeit

Um sich und andere zu produktiver Arbeit zu motivieren, gehen Führungskräfte unterschiedliche Wege. Entweder können persönliche Beweggründe, wie beispielsweise Unabhängigkeit, Anerkennung oder Status, aufgegriffen und angesprochen oder äußere Rahmenbedingungen gestaltet werden, die motivationsfördernd sind. Hierzu zählen insbesondere die Überlegungen, wie ein förderliches Arbeitsumfeld aussehen kann.

Lutz von Rosenstiel hat 15 Gestaltungsfelder beschrieben, in denen Führungskräfte einen motivationsförderlichen Arbeitsrahmen schaffen können:[11]

Gestaltungsfelder für intrinsische Motivation	
Kollegen	Das Gefühl, von den Kollegen akzeptiert zu werden, kann für die Arbeitsmotivation eine wichtige Rolle spielen. Wie schaffen Sie einen förderlichen kollegialen Rahmen im Team?
Vorgesetzter	Das Führungsverhalten beeinflusst die Arbeitszufriedenheit deutlich. Wie leben Sie Ihre Rolle als Führungskraft – situativ angemessen und mitarbeiterorientiert?
Tätigkeit	Die Arbeit selbst ist eine wichtige Quelle für Motivation. Ist diese interessant, passend auf die Stärken ausgerichtet und anspruchsvoll? Welchen Aufgabenzuschnitt sollten Sie bei welchen Mitarbeitern ändern?
Arbeitsbedingungen	Auch die äußeren Arbeitsbedingungen beeinflussen die Motivation. So können z. B. schlecht funktionierende Arbeitsmittel deutlich demotivieren.

---
[11] vgl. von Rosenstiel, L. (2003): Motivation von Mitarbeitern. In: von Rosenstiel, L./Regnet, E./Domsch, M.E.: Führung von Mitarbeitern, S. 195–216

Was können Sie alles?

Fortsetzung: Gestaltungsfelder für intrinsische Motivation

Organisation	Das Zusammenspiel in der Gesamt-Organisation kann zum Motivationsverlust beitragen. Wie können Sie z. B. Schnittstellen-Abläufe Ihrer Abteilung optimieren und die Reibungsverluste minimieren?
Entwicklung	Welche Möglichkeiten der Weiterentwicklung haben Ihre Mitarbeiter? Das müssen nicht nur neue Funktionen sein, das können auch erweiterte Handlungsspielräume oder eine größere Verantwortung sein.
Bezahlung	Auch die Bezahlung nimmt Einfluss auf die Motivation. Dabei spielt der soziale Vergleich eine größere Rolle als die absolute Gehaltshöhe. Wie gerecht geht es also mit der Bezahlung in Ihrem Team zu?
Arbeitszeit	Die Möglichkeit, die eigene Freizeit und Familie mit der Arbeitszeit zu kombinieren, spielt ebenfalls eine Rolle bei der Arbeitszufriedenheit. So erhöht etwa eine flexible und selbstbestimmte Arbeitszeit die Motivation.
Arbeitsplatz-sicherheit	Wie gefährdet wird der eigene Arbeitsplatz wahrgenommen? Bei Unsicherheit sinkt die Arbeitsmotivation.
Leistung	Die Motivation steigt bei klarer Zielsetzung und zeitnaher Rückmeldung zum Arbeitserfolg.
Anerkennung	Wertschätzende und direkte Stellungnahme des Vorgesetzten zur Arbeitsleistung fördert die Zufriedenheit.
Arbeit per se	Überfordert oder unterfordert die Arbeit Ihre Mitarbeiter? Bei der Tätigkeit (siehe oben) betrachten Sie die jeweiligen Aufgaben innerhalb der Stelle oder Funktion. Hier achten Sie darauf, ob diese Funktion für den jeweiligen Mitarbeiter die richtige ist.

Motivationsfähigkeit

Fortsetzung: Gestaltungsfelder für intrinsische Motivation

Verantwortung	Durch das richtige Maß an Übertragung von Verantwortung können Sie Mitarbeitern einen Motivationsschub geben.
Aufstieg	Manchen Mitarbeitern genügt es nicht, sich innerhalb des Jobs weiterzuentwickeln und mehr Verantwortung zu übernehmen. Diese wollen einen eindeutigen Aufstieg, verbunden mit höherem Ansehen oder Status, höherem Einkommen und mehr Verantwortung. Lernen Sie zu unterscheiden, bei wem dies eine Rolle spielt und überlegen Sie, ob und wie Sie das in Ihrem Unternehmen organisieren können.
Lernchancen	Auch die persönliche Weiterentwicklung kann motivieren. Welche Weiterbildungsmöglichkeiten bieten Sie Ihren Mitarbeitern? Wie können Sie das On-the-job- und Off-the-job-Lernen besser organisieren?

Bei allen Fragen nach der Verbesserung der Motivation ist es wichtig, die persönlichen Triebfedern von Menschen mit deren aktueller Arbeitssituation zu verbinden. Denn im beruflichen Kontext motivieren häufig ganz andere Dinge als im privaten Bereich.

Wie motivieren Sie sich selbst? Wie motivieren Sie andere? Wie schaffen Sie ein Umfeld, in dem Mitarbeiter sich selbst motivieren können?

Anhand der Selbstreflexion und unseres Fallbeispiels können Sie überprüfen, wie sich Ihre Motivationsfähigkeit ausbauen lässt.

Was können Sie alles?

> **Übung:**
> **Selbstreflexion – Motivationsfähigkeit**
>
> Mit diesen Fragen können Sie beleuchten, wie Sie und Ihre Mitarbeiter mit dem Thema Motivation umgehen. Was ist Ihnen wichtig? Was motiviert Sie oder andere zur Leistung?
>
> - Was ist Ihnen persönlich in Ihrem Leben wichtig?
> - Wann fühlen Sie sich motiviert?
> - Wann fühlen Sie sich demotiviert?
> - Was tun Sie, um sich zu motivieren?
> - Was wissen Sie davon, was Ihre Mitarbeiter motiviert bzw. demotiviert?
> - Welche unterschiedlichen Motive haben Ihre Mitarbeiter?
> - Was haben Sie in den letzten zwölf Monaten dafür getan, um diese Motive zu fördern/behindern?
> - Welche unterschiedlichen Möglichkeiten fallen Ihnen ein, um Ihren Mitarbeitern ein motivationsförderliches Umfeld zu schaffen?

> **Der Fall Thomas Ludwig**
>
> Herr Ludwig ist Personalleiter eines großen Industrieunternehmens und kommt nach eingehender Analyse im Bereich Motivationsfähigkeit zu folgenden Ergebnissen:
>
> - Um die eigene Motivation aufrechtzuerhalten, achtet er darauf, sich genügend Freiraum für seine Familie zu schaffen. Denn Herr Ludwig ist ein ausgesprochener „Familienmensch". Die gemeinsame Zeit mit seiner Frau und seinen Kindern ist seine Haupt-Motivation und gibt ihm Kraft für die hohen beruflichen Belastungen. Er definiert

Motivationsfähigkeit

für sich ein klares Zeitfenster pro Woche (z. B. Sonntag Nachmittag plus Montag Abend), in dem die Familie Vorrang hat. Bei Ausnahmen werden sofort feste Ersatztermine für die Familie vereinbart. Diese dürfen von seiner Assistentin nicht mit beruflichen Verpflichtungen überschrieben werden.

- Einige Mitarbeiter klagen immer wieder darüber, für bestimmte Entscheidungen nicht genügend Befugnisse zu haben. In Einzelgesprächen wird deutlich, dass diese Mitarbeiter dadurch deutlich demotiviert werden. Herr Ludwig überlegt, welche Entscheidungskompetenzen er an ausgewählte Mitarbeiter delegieren kann. Mit den anderen Führungskräften und der Geschäftsleitung bespricht er, welche weiteren Entscheidungsbefugnisse sinnvollerweise erteilt werden können und was das für den Entscheidungsprozess bedeutet.

- Bei anderen Mitarbeitern hat sich in den letzten Jahren einiges getan: In Weiterbildungen konnten sie zusätzliches Know-how aufbauen. Nun warten sie darauf, ihre Kenntnisse für neue Aufgabenbereiche einsetzen zu dürfen. Herr Ludwig kann den Mitarbeitern in seinem Verantwortungsbereich nicht sofort entsprechende Aufgaben übertragen – gleichzeitig möchte er seine engagierten Mitarbeiter nicht verlieren und ihre hohe Motivation unbedingt erhalten. Er sorgt dafür, dass die Mitarbeiter in zeitlich befristeten Querschnittsprojekten eingesetzt werden. Die dort gemachten Erfahrungen bespricht er im jährlichen Mitarbeitergespräch und überlegt, wie der eigene Bereich davon profitieren kann. Gleichzeitig schlägt er einige dieser Mitarbeiter in Gesprächen mit der Personalabteilung als potenzielle Kandidaten für neue Herausforderungen an anderer Stelle im Unternehmen vor.

Was können Sie alles?

Kommunikationsfähigkeit

Führung ist mit Kommunikation eng verbunden – wer als Führungskraft keine gute Kommunikation mit den Mitarbeitern pflegt, wird nicht erfolgreich sein.

Kommunikationsfähigkeit beinhaltet sowohl die Weitergabe und Darstellung von Gedanken, Informationen oder Konzepten als auch den Dialog mit den Mitarbeitern.

Kommunikation ist keine Einbahnstraße, der Austausch mit den Mitarbeitern erfordert neben dem Zuhören auch Verhandlungsgeschick und das richtige Fingerspitzengefühl in Gesprächen. Unterschiedliche Persönlichkeiten richten unterschiedliche Erwartungen an die Gespräche mit den Führungskräften, manche lieben Klartext, andere sind sehr feinfühlig, was den richtigen Ton betrifft.

Wer als Führungskraft ansprechbar und in der Lage ist, die gegenseitigen Anliegen im Sinne einer gemeinsamen Sache zu besprechen – und dabei auch in kritischen Punkten besonnen bleibt – besitzt hohe Kommunikationsfähigkeit.

Dabei sollten Sie sowohl die Techniken der zuhörerorientierten als auch die der sprecherorientierten Kommunikation beherrschen.

Kommunikationsfähigkeit

Zuhörer- und sprecherorientierte Kommunikation	
zuhörerorientiert	sprecherorientiert
Offene Fragen stellen (z. B. „Wie verstehen Sie das?")	**Gesprächsrahmen transparent machen** (z. B. „Wir haben für dieses Gespräch 30 Minuten Zeit.")
Gefühle des Mitarbeiters aufgreifen (z. B. „Sie haben sich gestern verschaukelt gefühlt?")	**Gesprächsthema oder -ziel vorgeben** (z. B. „Bei den jetzt zu besprechenden Maßnahmen muss der Fokus auf der Stärkung der Kundenbindung liegen.")
Raum für Antworten geben (z. B. Pause lassen, andere zu Wort kommen lassen)	**Gesprächsverlauf bestimmen** (z. B. „In den nun verbleibenden 30 Minuten sprechen wir über unsere Akquise-Tätigkeiten.")
Wertschätzung zeigen (z. B. „Dass Sie diesen Auftrag an Land gezogen haben, ist für mich das Wichtigste.")	**Zusammenfassen und Einverständnis holen** (z. B. „Diese zwei Punkte sind für mich zentral. Sind Sie einverstanden, wenn wir hieran weiterarbeiten?")
Feedback geben und nehmen (z. B. „Mir war die Schärfe in Ihrem Tonfall in der Besprechung unangenehm.")	**Geschlossene Fragen stellen** (z. B. „Können Sie diese Maßnahme in 2 Wochen umsetzen?")
Aktiv zuhören (z. B. „Ihnen ist also wichtig, dass wir an diesem Kunden dran bleiben, weil Sie hier noch mehr Potenzial vermuten, und Sie haben sich darüber geärgert, dass ich Sie bei der Darstellung der Kundenanalyse unterbrochen habe.")	**Eindeutige Appelle formulieren** (z. B. „Ich erwarte von Ihnen, dass Sie die Maßnahmen in der nächsten Schichtleiterbesprechung diskutieren.")

Was können Sie alles?

Auch die Etablierung und Gestaltung geeigneter Rahmenbedingungen für gute Kommunikation sollten Sie berücksichtigen. Das kann etwa ein passendes Besprechungssystem mit einer guten Gesprächskultur sein, eine gute Vorbereitung, eine gelungene Moderation, passende Räumlichkeiten und Zeitfenster. Es ist z. B. auch die Frage, in welcher Form und Systematik die jährlichen Mitarbeitergespräche (Zielvereinbarungs-, Entwicklungs- oder Beurteilungsgespräche) gestaltet werden.

Die folgenden Reflexionsfragen und unser Fallbeispiel geben Ihnen die Gelegenheit, Ihre Kommunikationsfähigkeiten einzuschätzen.

> **Übung:**
> **Selbstreflexion – Kommunikationsfähigkeit**
>
> Anhand folgender Fragen können Sie Ihr eigenes Verhalten im Bereich „Kommunikationsfähigkeit" reflektieren.
>
> Spielen Sie in Gedanken konkrete Führungssituationen durch und identifizieren Sie Ihre Stärken und Schwächen im Verhalten als Führungskraft. Überlegen Sie auch, ob Ihre Kollegen oder Mitarbeiter diese Einschätzungen teilen würden und wo gegebenenfalls mit Abweichungen in der Fremdeinschätzung zu rechnen ist.
>
> - Was verstehen Sie unter Kommunikation?
> - Wann empfinden Sie Kommunikation als negativ?
> - Wie reagieren Sie auf negativ empfundene Kommunikation?
> - Wann empfinden Sie Kommunikation als positiv?
> - Wie reagieren Sie auf positiv empfundene Kommunikation?
> - „Ich kommuniziere gern mit Menschen, die ..."
> - „Ich kommuniziere ungern mit Menschen, die ..."
> - „Meine größte Stärke in der Kommunikation ist ..."

Kommunikationsfähigkeit

- Zu welchen Kunden/Kollegen/Mitarbeitern haben Sie bisher den geringsten persönlichen Kontakt?
- Welche Ursachen für diesen schwachen Kontakt sehen Sie bei sich?
- Wie können Sie diesen Zustand ändern?
- Welche Kommunikationsinstrumente wenden Sie an?
- Wie bewähren sich die Kommunikationsinstrumente „Besprechung" und „Mitarbeitergespräch" bei Ihnen in der Praxis? Was sollten Sie hier verbessern?

Der Fall Monica Smith

Frau Smith ist Leiterin der Abteilung Qualitätssicherung eines mittelständischen Unternehmens. In der letzten Mitarbeiterbefragung wurde ihr Kommunikationsverhalten kritisch kommentiert. In den jährlichen Mitarbeitergesprächen hat sie dieses Thema direkt angesprochen und zieht nun Bilanz:

- Positiv ist, dass Informationen nachvollziehbar dargestellt werden und die Ausrichtung des Unternehmens deutlich wird. – Mitarbeiter kennen ihre Spielräume.
- Negativ ist der manchmal brüske Ton von mir und von einzelnen Mitarbeitern. Dies führt zu einer Verschlechterung des Gesprächsklimas. Manche beteiligen sich deshalb gar nicht mehr an Besprechungen.
- Nach Besprechungen führt das manchmal aggressive Verhalten Einzelner zu nachträglichen Auseinandersetzungen und Retourkutschen während der Arbeit.
- Positiv ist, dass Mitarbeiter klare und eindeutige Aufgaben und Anweisungen erhalten und bei Problemen die Lösungen direkt und zeitnah erörtert werden. Mitarbeiter wissen, woran sie sind.

Was können Sie alles?

> Frau Smith weiß von sich selbst, dass sie über ausgezeichnete analytische Fähigkeiten verfügt und daraus eine Klarheit und Unmissverständlichkeit resultiert, auf die sie nicht verzichten will. Doch sie hat gelernt, dass Klarheit auch falsch verstanden werden kann. Die Konsequenz aus diesen Erfahrungen und Überlegungen lautet: Frau Smith bereitet sich vor einer Besprechung nicht nur sachlich vor, sondern überlegt auch, welche emotionalen Effekte eine Rolle bei den anzusprechenden Themen spielen können. Sie prüft nun, anfangs noch gemeinsam mit einem Vertrauten, wie sie diese negativen Effekte minimieren kann. Sie lässt sich von dieser Person Feedback zu ihrem Auftreten geben und überlegt, welche Alternativen es zu bisherigen Verhaltensweisen gibt. Einige dieser Alternativen probiert sie aus und lässt sich dazu wiederum Rückmeldung geben.

Teamfähigkeit

Führungskräfte arbeiten selten allein, sie sind in unterschiedliche Teams mit verschiedenen Rollen eingebunden: als Führungskraft in einem Leitungsteam auf gleicher Ebene, als Experte in einem Innovationsteam, im Team der Mitarbeiter als Vorgesetzter usw.

Teamfähigkeit

Teamfähigkeit bedeutet, sich auf das Wechselspiel von Individuum und Gruppe einzustellen und es vor dem Hintergrund der eigenen Teamrolle positiv zu gestalten.

Dazu zählen persönliche Fähigkeiten wie beispielsweise ein gewisses Einfühlungsvermögen. Dazu gehört ebenso, die Grenzen von Teamarbeit zu respektieren und die Fähigkeit, Kompromisse zu schließen.

Eine Führungskraft muss Teams in ihrer Dynamik und „inneren" Logik in den Blick nehmen, die Teams entsprechend ihrer Aufgaben ausrichten und die Zusammenarbeit der Teammitglieder untereinander fördern. Neben der Entwicklung der inneren Teamdynamik muss ein Team den richtigen Außenbezug herstellen. Nur wenn ein Team sich an den zu erfüllenden Aufgaben ausrichtet, kann es fruchtbare Arbeit leisten.

Um die Vorteile von Teamarbeit erzielen zu können, sollten Sie dafür sorgen, dass möglichst viele der folgenden Merkmale erfüllt sind:[12]

Merkmale von Leistungsteams
klare und herausfordernde Ziele
eine ergebnisorientiert gestaltete Struktur
kompetente Teammitglieder
Teamgeist
ein produktives Klima in der Zusammenarbeit
klare und anspruchsvolle Leistungsstandards
Unterstützung und Anerkennung von außen
ein Teamleiter, der seine Rolle als Coach versteht

---
[12] vgl. Nerdinger, F.W. (2000): Erfolgreich führen

Was können Sie alles?

In welche Teams sind Sie eingebunden? Welche Projektteams haben Sie beauftragt und koordinieren Sie? Welche Rolle spielen Sie als Führungskraft in Ihrem Mitarbeiterteam? Reflektieren Sie Ihre Teamrollen anhand der folgenden Übung und mithilfe unseres Fallbeispiels.

> **Übung:**
> **Selbstreflexion – Teamfähigkeit**
>
> Mit den folgenden Fragen können Sie Ihr eigenes Verhalten im Bereich „Teamfähigkeit" reflektieren.
>
> Spielen Sie in Gedanken konkrete Führungssituationen durch und identifizieren Sie Ihre Stärken und Schwächen im Verhalten als Führungskraft. Überlegen Sie auch, ob Ihre Kollegen oder Mitarbeiter diese Einschätzungen teilen würden und wo gegebenenfalls Abweichungen in der Fremdeinschätzung zu erwarten sind.
>
> - Arbeiten Sie lieber allein oder im Team?
> - In welchen Situationen ist die Teamarbeit effektiver?
> - Wie können Sie andere im Team unterstützen?
> - Wann können Sie mit einem Kompromiss mehr erreichen?
> - Wie ernst nehmen Sie die Meinung anderer im Team, wie gut hören Sie zu?
> - Welche Ideen für ein teamförderliches Lernen und Arbeiten haben Sie in Ihrem Team eingebracht?
> - Wie unterschiedlich sind die individuellen Interessen der Teammitglieder?
> - Wie klar und eindeutig sind die Aufgaben der Mitarbeiter in einem Team und wie klar die Teamaufgabe?
> - Wie gut werden Impulse von außen im Team aufgegriffen?
> - Wie gut richtet sich das Team an Zielen aus?

Der Fall Hans Lampertz

Hans Lampertz ist Entwicklungsingenieur und leitet ein Team von acht Mitarbeitern im Bereich Forschung und Entwicklung. Seit letztem Jahr arbeitet er zusätzlich in einer Steuerungsgruppe für Organisationsentwicklung. Von seinen Vorgesetzten gab es kritische Rückmeldungen bezüglich seiner Teamfähigkeit. Herr Lampertz ging diesen Rückmeldungen in Einzelgesprächen mit seinen Mitarbeitern auf den Grund und zieht für sich folgende Schlüsse:

- Als introvertierte Person ziehe ich mich oft aus den Teamdiskussionen zurück, wenn die Themen aus meiner Sicht zu ausschweifend erörtert werden. Dann denken die anderen, ich interessiere mich nicht mehr für ihre Überlegungen.

- Teamarbeit halte ich trotzdem für wichtig. In meinem eigenen Mitarbeiterteam bin ich verantwortlich für die Besprechungsleitung. Diese werde ich in Zukunft besser wahrnehmen. Ich werde ein paar Spielregeln klarstellen und dann für einen strafferen Ablauf der Diskussion sorgen.

- Gleichzeitig werde ich auf mehr Kompromissbereitschaft einzelner Mitarbeiter drängen. In den Besprechungen meines Teams geht es meist um technische Fragestellungen. Manche diskutieren sehr „hart an der Sache". Diesen Ton halten andere wiederum für unangemessen. Dann werde ich nicht selbst inhaltlich einsteigen, sondern versuchen, als Teamleiter die Konflikte zu entschärfen und das Team zu einer guten gemeinsamen Lösung führen.

- In der Steuerungsgruppe für Organisationsentwicklung werde ich, sobald ich das Gefühl habe, dass Themen unnötig und wiederholt diskutiert werden, dies auch äußern

Was können Sie alles?

> und kritisch nachfragen. Damit zeige ich deutlich, dass ich durchaus bei der Sache bin und versuche, die Diskussion in die richtige Richtung zu lenken. Wenn dann der Projektleiter darauf besteht, die Diskussion fortzusetzen, werde ich mich mit mehr Geduld daran beteiligen.

Konfliktmoderation

Konflikte gehören zum Führungsalltag. Führungskräfte müssen in der Lage sein, Konflikte aufzugreifen und mit ihnen umzugehen. Die Fähigkeit, Konflikte zu moderieren, bezieht sich nicht auf Situationen, in denen Sie als Führungskraft direkt als Konfliktpartner beteiligt sind und um Ihre ureigensten Interessen oder Bedürfnisse streiten. Es geht bei der Konfliktmoderation vielmehr um die Fähigkeit, bei Konflikten zu vermitteln, zu schlichten, einzugreifen oder Konflikte vorbeugend zu entschärfen.

Konflikte zwischen anderen müssen in dieser Hinsicht zunächst als relevant erkannt werden. Als Führungskraft ist es Ihre Aufgabe, sich in die Konfliktlösung einzubringen. Dabei prüfen Sie, wann und in welcher Form es sinnvoll ist, einzugreifen: vorbeugend, vermittelnd in der direkten Auseinandersetzung oder hinterher, um den Schaden zu verringern oder die Beteiligten daraus lernen zu lassen. Kon-

Konfliktmoderation

flikte gehören zum Arbeitsalltag, sie lassen sich nicht vermeiden. Entscheidend ist, dass Sie unterscheiden lernen, wann ein Konflikt eine positive Kraft entwickelt und wann er die Zielerreichung verzögern oder verhindern wird.[13]

Konfliktarten	
Konfliktart	**Mögliches Konfliktpotenzial**
Wertekonflikt	Unterschiedliche Bewertung von Ideen, Sachverhalten oder Vorgehensweisen, sich widersprechende Zielsetzungen, Werte oder Normen, sich ausschließende Lebensformen, Ideologien oder Religionen
Rollenkonflikt	Ablehnung der Rollenzuschreibung, unklare Rollendefinition, widersprüchliche Erwartungen an die Rolle, Widersprüche in der Wahrnehmung der Rolle und dem Eigenbild der Persönlichkeit
Beziehungskonflikt	Verletzung des Bedürfnisses nach Akzeptanz und Anerkennung, unterschiedliche Wahrnehmung und Interpretation der Beziehung, Spannung zwischen Nähe und Distanz, Eifersucht auf eine dritte Person
Gruppenkonflikt	Uneinigkeit über Rang und Rollen der Einzelnen in der Gruppe, Kampf um Kompetenzen, Einflussbereiche oder Führung in der Gruppe, Differenzen in der Wahrnehmung über Gruppenzugehörigkeit und -ausschluss
Verteilungskonflikt	Uneinigkeit über die Verteilung von als begrenzt erkannten Ressourcen, z. B. materielle Ressourcen (Geld oder Personal) oder auch (begrenzt vorhandene) Positionen in einem Unternehmen

---

[13] Zu den Konfliktarten in der Übersicht vgl. von Rosenstiel, L. (2003): Grundlagen der Organisationspsychologie; Schwarz, G. (1997): Konfliktmanagement

Was können Sie alles?

Fortsetzung: Konfliktarten

Organisations- oder Struktur- konflikt	Uneinigkeit über den Aufgabenbereich oder die Zuständigkeiten, unterschiedliche Akzeptanz der Struktur bzw. Hierarchie, dysfunktionale Struktur, in der Struktur angelegte Interessensgegensätze (z. B. Projektmanagement vs. Linienmanagement)

Es gibt unterschiedliche Möglichkeiten, sich in einen Konflikt einzuschalten. Sie können z. B. bei einem Strukturkonflikt moderierend eingreifen und die Beteiligten dazu verpflichten, trotz gegensätzlicher Interessen besser zusammenzuarbeiten. In einem solchen Konflikt können Sie aber auch die Struktur so verändern, dass die Interessensgegensätze aufgelöst oder minimiert werden.

Als Konfliktmoderator können Sie Ihre Rolle darin sehen, im Streit zu schlichten oder zu vermitteln, indem Sie eigene Lösungsangebote machen. Vielleicht bieten Sie den Konfliktparteien auch einen „neutralen" Ort an und tragen so aufgrund Ihrer Ausgewogenheit zu einer Verständigung in den strittigen Punkten bei. Keinesfalls sollten Sie als Führungskraft die Augen vor Konflikten verschließen, sondern aus Ihrer Verantwortung heraus aktiv an einer Lösung arbeiten. Das GROW-Modell[14] zur Konfliktklärung bietet Ihnen in der Konfliktmoderation einen Leitfaden.

GROW-Modell zur Konfliktklärung	
1. Goals	Fragen Sie die Konfliktparteien nach ihren jeweiligen Zielsetzungen. Was soll bei einer Verständigung oder nach einer Konfliktklärung anders/besser sein? Versuchen Sie, ein gemeinsames Ziel zu beschreiben, das beide Parteien akzeptieren würden.
2. Reality	Wie stellt sich die Ist-Situation aus Sicht der beteiligten Parteien dar?

---

[14] in Anlehnung an Whitmore, J. (1994): Coaching für die Praxis

Konfliktmoderation

Fortsetzung: GROW-Modell zur Konfliktklärung

3. Options	Erarbeiten Sie nun Lösungsoptionen, um von der Ist-Beschreibung (die durchaus unterschiedlich je nach Sichtweise sein dürfte) zu der Zielsituation zu kommen.
4. Wrap up	Lassen Sie die Konfliktparteien sich auf eine der Optionen als Lösung verständigen. Welche Lösung ist am besten dafür geeignet, die Zielsetzungen von beiden Parteien zu erfüllen? Was sind mögliche Kompromisse? Und sorgen Sie für eine verbindliche Vereinbarung zwischen beiden Konfliktparteien.

Übung:
Selbstreflexion – Konfliktmoderation

Mit den folgenden Fragen können Sie Ihr eigenes Verhalten im Bereich „Konfliktmoderation" reflektieren.

Spielen Sie in Gedanken konkrete Führungssituationen durch und identifizieren Sie Ihre Stärken und Schwächen im Verhalten als Führungskraft. Überlegen Sie auch, ob Ihre Kollegen oder Mitarbeiter diese Einschätzungen teilen würden und an welchen Stellen Sie gegebenenfalls mit Abweichungen in der Fremdeinschätzung rechnen müssen.

- In wie vielen Konflikten waren Sie in den letzten zwölf Monaten als Konfliktmoderator tätig?
- Welche Gefühle hatten Sie bei der Moderation?
- Konnten Sie in der Regel die Interessen und Gefühle beider Konfliktparteien gleichermaßen nachvollziehen?
- Wie haben Sie in den Konflikten agiert? Wie haben Sie moderiert? Was haben Sie getan?
- Was hätten Sie darüber hinaus tun sollen oder können?

Was können Sie alles?

- Welche Ergebnisse wurden mit der Konfliktmoderation erzielt?
- Wie zufrieden sind Sie mit dem Ergebnis der Konfliktmoderation?
- Worauf würden Sie das nächste Mal bei einer Konfliktmoderation achten?

Der Fall Elisa Schnoor

Elisa Schnoor ist Geschäftsführerin einer Marketingagentur. Sie spricht Probleme klar, eindeutig und ohne Umschweife an. In Konflikten liebt sie selbst Klartext und sieht in der direkten Auseinandersetzung den besten Weg, bestehende Ungereimtheiten aus dem Weg zu räumen. Ihr wird eine hohe Kompetenz in Konflikten zuerkannt, da sie die strittigen Dinge klar benennt und sich emotional nicht in die Konfliktdynamik verwickeln lässt. Manche Mitarbeiter werfen Frau Schnoor allerdings vor, dass sie in Konflikten erst eingreift, wenn es richtig „kracht". Frau Schnoor beugt nicht vor und erkennt nicht, wenn ein Konflikt bereits schwelt. Hier fehlt einigen die Unterstützung. Manche Strukturprobleme, die die Konflikte auslösen, erkennt Frau Schnoor ebenfalls nicht, z. B. dass zwei Teams oft parallel an der gleichen Sache arbeiten, aber das nicht voneinander wissen. Diese Konflikte ließen sich leicht mittels einer Änderung der Kundenzuordnung verhindern. Doch dafür tut Frau Schnoor nichts. Aus diesen Einschätzungen zieht sie folgende Schlüsse:

- Ihr eigenes Bedürfnis nach schneller Klarheit passt nicht bei jedem Konflikt. Manche Konfliktparteien brauchen Annäherung und keine sofortige Konfrontation mit den

Konfliktmoderation

strittigen Punkten. Frau Schnoor will deshalb bei Konflikten mehr Geduld aufbringen, nicht sofort den Beteiligten die Lösung aufzwängen, sondern erst die unterschiedlichen Standpunkte anhören. So schraubt sie ihre eigenen Erwartungen an schnelle Lösungen herunter und gibt den Konfliktparteien mehr Zeit, aufeinander zuzugehen und eigenständig Lösungen zu entwickeln.

- Bei latenten oder schwelenden Konflikten ist es schwer zu beurteilen, ob sie „bearbeitet" werden sollten oder ob sie sich von allein wieder glätten. Frau Schnoor spricht diese Konflikte früher als in der Vergangenheit an und zeigt damit, dass die „Missstimmungen" nicht spurlos an ihr vorübergehen. Gleichzeitig bespricht sie sich mit den Konfliktparteien, ob es hilfreich ist, dass sie aus ihrer Rolle heraus eingreift. Sie bietet ihre Moderation an, setzt aber darauf, dass die Konflikte zwischen den Mitarbeitern zuerst selbst gelöst werden. Sie lernt, dass bereits das Ansprechen und Nachverfolgen bei entstehenden Konflikten eine hohe Bereitschaft bei den Mitarbeitern erzeugt, diese untereinander zu regeln.

- In den Fällen, in denen sie als Konfliktmoderatorin einen bestehenden Konflikt direkt bearbeitet, nutzt Frau Schnoor weiterhin ihre Klarheit und Eindeutigkeit und zeigt unmissverständlich auf, welche Folgen eine mangelnde Lösungsbereitschaft haben kann.

- In einer Teambesprechung mit den Abteilungsleitern analysiert Frau Schnoor die Struktur und die Zuständigkeiten der Teams. Gemeinsam mit den Abteilungsleitern wird die Aufbau- und Ablauforganisation auf mögliche Widersprüche und Reibungsverluste hin untersucht und optimiert.

Was können Sie alles?

Erfolgskontrolle

Um zu erkennen, ob bestimmte Aktivitäten und Maßnahmen sich auf das gewünschte Ziel hin entwickeln, ist es notwendig, die angestrebten Ergebnisse in Hinsicht auf ihren Erfolg zu bewerten und dafür frühzeitig nachvollziehbare Erfolgskriterien festzulegen. Erfolg kann dabei mit weichen oder harten Indikatoren verfolgt werden. So lassen sich beispielsweise Produktionszahlen, die ursprünglich festgelegt wurden, an harten Zahlen messen. Ein weicher Indikator wäre dagegen die Befragung von Kunden nach ihrer Zufriedenheit, denn hier spielen subjektive Einschätzungen eine Rolle. Beide Indikatoren sind in der Lage, Aussagen über den Erfolg oder Misserfolg von Vorhaben zu treffen.

Erfolgskontrolle als Führungsqualität hat jedoch nicht nur mit der abschließenden Bewertung von Maßnahmen zu tun. Erfolgskontrolle ist auch die Fähigkeit, die Voraussetzungen dafür zu schaffen, dass man als Führungskraft frühzeitig erkennt, ob bestimmte Vorhaben während ihrer Umsetzung noch „auf Kurs" sind. In diesem Sinn ist Erfolgskontrolle auch die Fähigkeit zu verfolgen, ob sich die Arbeit bereits während ihrer Durchführung noch auf das ursprünglich bestimmte Ziel zubewegt.

Ein weiterer Steuerungsaspekt von Erfolgskontrolle liegt im Auswerten von durchgeführten Projekten. In After-Action-Learning-

Erfolgskontrolle

Sessions werden die Erfolgsindikatoren und die Schwierigkeiten bei der Umsetzung besprochen. Es gilt, aus Fehlern zu lernen. Stärken und Schwächen in der Projektdurchführung sollten erkannt und beschrieben werden, um diese Erfahrungen für zukünftige Projekte nutzbar zu machen. So gesehen ist Erfolgskontrolle nicht nur auf das abschließende Bewerten beschränkt, sondern beschreibt die Fähigkeit, einen dynamischen Prozess zu steuern, der das Lernen innerhalb einer Organisation koordiniert.

Dabei können Sie sich der unterschiedlichen Instrumente bedienen. Sie sollten prüfen, welche Instrumente es bereits in Ihrem Unternehmen gibt, welche für Sie praktikabel sind und welche Sie selbst für Ihre Organisationseinheit einführen möchten. Wir stellen Ihnen in aller Kürze drei Instrumente der Erfolgsbewertung vor, eines aus dem Bereich des Qualitätsmanagements (EFQM), eines aus dem Bereich der Bilanzprüfung (Quicktest) und eines aus dem strategischen Controlling (Kurztest).

Mithilfe des EFQM-Modells[15] (European Foundation for Quality Management) können Sie Prozesse, die Stellhebel und deren Wirkung betrachten und bewerten.

Das EFQM-Modell					
Befähiger			*Ergebnisse*		
Führung	Mitarbeiter	Prozesse	Mitarbeiter	Schlüssel-ergebnisse
	Strategie		Kunden	
	Partner		Gesellschaft	
Innovation und Lernen					

---
[15] vgl. Zink, K. J. (2004): TQM als integratives Managementkonzept

Was können Sie alles?

Das EFQM-Modell wird auch als Total-Quality-Ansatz bezeichnet, weil es nicht nur die Ergebnisse misst, sondern auch die sogenannten „Befähiger", die zu diesen Ergebnissen führen. Dazu zählen die Führung, die Mitarbeiter, die Strategie, die Partner und die Prozesse. Im Unterschied zur DIN ISO 9000er-Norm bewertet das EFQM-Modell auch das Lernen einer Organisation.

Der folgende Quicktest nach Peter Kralicek[16] ist natürlich nur sehr grob und ersetzt keine gründliche Bilanzprüfung. Die Bewertung der Kennzahlen unterscheidet sich von Branche zu Branche. Aber dieser Test bietet eine erste Orientierung, um die finanzielle Solidität Ihres Unternehmens zu bewerten.

Quicktest nach Peter Kralicek					
Kennzahl	sehr gut	gut	mittel	schlecht	insolvenzgefährdet
Eigenkapital-Quote	> 30 %	> 20 %	> 10 %	< 10 %	negativ
Schuldtilgungsdauer	< 3 Jahre	< 5 Jahre	< 12 Jahre	< 30 Jahre	> 30 Jahre
Gesamtkapitalrentabilität	> 15 %	> 12 %	> 8 %	< 8 %	negativ
Cash-Flow-Leistungsrate	> 10 %	> 8 %	> 5 %	< 5 %	negativ

Mit dem folgenden Kurztest können Sie feststellen, ob in Ihrer Organisation Bedarf für eine stärkere Strategie-Orientierung besteht. Wenn mehr als vier der folgenden Aussagen zutreffen, sollten dringend die Strategie überprüft und interne Prozesse auf die Strategieausrichtung hin analysiert werden.

---

[16] Kralicek, P. (2007): Bilanzen lesen. Eine Einführung

Erfolgskontrolle

Kurztest zur strategischen Bedrohung	
Interne Bedrohung	Die Mitarbeiter sind unzufrieden.
	Die finanzielle Situation ist nicht länger tragbar.
	Qualität oder Quantität der Angebote sind nicht mehr ausreichend.
Externe Bedrohung	Neue Anbieter konkurrieren in den Geschäftsfeldern.
	Wettbewerber starten Kooperationen oder Fusionen.
	Kunden sind nicht mehr zufrieden oder bleiben aus.
Intransparenz	Es gibt keine Zukunftsvision.
	Es gibt wenige Kenntnisse über den Wettbewerb.
	Es gibt wenige Kenntnisse über die eigenen Stärken.
Chancen	Neue lukrative Geschäftsfelder oder Märkte fehlen.
	Es gibt keine oder nur wenige existierenden Entwicklungen oder Veränderungen im Unternehmen.
	Mitarbeiter bringen kaum neue Ideen ein.

Welchen Stellenwert hat Erfolgskontrolle bei Ihnen, welche Dimensionen und welche Instrumente von Erfolgskontrolle nutzen Sie? Gehen Sie anhand der Übung zur Selbstreflexion in die persönliche „Erfolgskontrolle".

Was können Sie alles?

> **Übung:**
> **Selbstreflexion – Erfolgskontrolle**
>
> Mit den folgenden Fragen können Sie Ihr eigenes Verhalten im Bereich „Erfolgskontrolle" reflektieren.
>
> Spielen Sie in Gedanken konkrete Führungssituationen durch und identifizieren Sie Ihre Stärken und Schwächen im Verhalten als Führungskraft. Überlegen Sie auch, ob Ihre Kollegen oder Mitarbeiter diese Einschätzungen teilen würden und wo gegebenenfalls Abweichungen in der Fremdeinschätzung zu erwarten sind.
>
> - Wie und worüber erhalten Sie Gewissheit, dass die Dinge, die Sie veranlasst haben, umgesetzt werden?
> - Wie oft und womit kontrollieren Sie Projektverläufe, Zwischenergebnisse, Maßnahmen, Erfolge usw.?
> - Wie ermöglichen Sie es, dass aus bisherigen Erfahrungen, Erfolgen und Misserfolgen gelernt werden kann?
> - Wo und wann sollten Sie enger kontrollieren, wo sollten Sie weniger eng kontrollieren und mehr Freiräume lassen?
> - Welche Formen der Erfolgsmessung (z. B. Kennzahlensysteme, Besprechungssysteme, Auswertung von Zielvereinbarungen usw.) nutzen Sie zur Steuerung Ihrer Organisationseinheit?

Ein kleines Beispiel zur Beschäftigung mit Erfolgskontrolle gibt der folgende Fall:

> **Der Fall Markus Bergmann**
>
> Herr Bergmann ist Vorsitzender eines Sozialverbandes. In der Vergangenheit wurden viele interessante Projekte angestoßen und bearbeitet. Je größer der Verband wurde, desto häufiger

Erfolgskontrolle

mussten am Jahresende gescheiterte und abgebrochene Projekte bilanziert werden. Herr Bergmann vermutete als Ursache zwei Schwächen: Eine lag in der Organisationskultur und eine andere darin, dass keine geeigneten Instrumente zur Nachverfolgung von Projekten implementiert waren. Daraus zieht er folgende Konsequenzen:

- Im Führungskreis analysiert man während eines Workshops mit einem Organisationsberater die Organisationskultur. Es wird deutlich, dass Kollegialität in der Vergangenheit so verstanden wurde, dass kritische Aspekte in der Bearbeitung von Projekten nicht benannt wurden, damit man nicht als der Nestbeschmutzer dastand. Dieses Verhalten war in der Organisation tief verwurzelt und gleichzeitig war es ein Tabu, dies anzusprechen. Deshalb waren bis dato Versuche gescheitert, ein gutes Dokumentationssystem für alle Projekte einzuführen.

- Zusammen mit der Geschäftsführung führt Herr Stegmann ein neues Besprechungssystem ein. In Bereichsbesprechungen werden die problematischen Aspekte der Organisationskultur angesprochen und Instrumente erarbeitet, wie Projekte nachverfolgt werden können. Dazu führt man in einem ersten Schritt ein einfaches Projektdokumentationssystem mit einer Ampelbewertung ein, welches monatlich die Projektstatistiken aufzeigt. Diese Statistiken werden monatlich in den Bereichsbesprechungen vorgestellt und Justierungen in den Projekten vorgenommen. Herr Bergmann lässt sich unterjährig von zentralen Projekten und Aufgabenfeldern berichten. Er nimmt an einigen Projektbesprechungen selbst teil, um darauf hinzuwirken, dass auch im Beisein der Geschäftsführung Probleme offen und ohne gegenseitige Schuldzuschreibungen besprochen werden können.

Was können Sie alles?

Kompetenzen weiterentwickeln

In der folgenden Übung können Sie sich einen ersten Überblick verschaffen über Ihre Stärken und Schwächen sowie die Erwartungen Ihrer Organisation an die Führung.

Übung: Einschätzung meiner Schlüsselkompetenzen			
Kompetenz	Was ich in diesem Bereich gut kann	Was ich in diesem Bereich lernen will	Was die Organisation in diesem Bereich erwartet
Zielorientierung			
Innovationsfähigkeit			
Motivationsfähigkeit			
Kommunikationsfähigkeit			
Teamfähigkeit			
Konfliktmoderation			
Erfolgskontrolle			

Bei den Kompetenzen ist nicht nur der eigene Blick, sondern auch der Blick von anderen wichtig. Wo überschätzen Sie sich, wo unterschätzen Sie sich? Wie kann Ihnen Feedback helfen, sich selbst weiterzuentwickeln?

Kompetenzen weiterentwickeln

> **Übung:**
> **Abgleich Selbsteinschätzung – Fremdeinschätzung**
> **Teil 1**
>
> Legen Sie die obige Tabelle aus der Übung „Einschätzung meiner Schlüsselkompetenzen" Ihren Kollegen, Mitarbeitern und/oder Vorgesetzten vor. Damit Sie ein unbefangenes Feedback erhalten, sollte diese Tabelle noch nicht ausgefüllt sein. Lassen Sie sich Feedback geben, wie Ihre Kollegen Sie sehen. Was schätzen andere bei Ihnen als Stärken ein, was als Schwächen?
>
> Vergleichen Sie anschließend Ihre Selbsteinschätzung mit dieser Fremdeinschätzung und übertragen Sie dies in die folgende Matrix.

Übung:
Abgleich Selbsteinschätzung – Fremdeinschätzung
Teil 2

Selbsteinschätzung		Relative Schwäche	Relative Stärke
	Relative Stärke	4. Blinder Fleck ■ .... ■	1. Gesicherte Stärken ■ .... ■ ....
	Relative Schwäche	3. Entwicklungsfelder ■ .... ■	2. Nicht bewusste Stärken ■ .... ■ ....
		Fremdeinschätzung	

Was können Sie alles?

> **Übung:**
> **Abgleich Selbsteinschätzung – Fremdeinschätzung**
> **Teil 3**
>
> Nehmen Sie nun die einzelnen Kompetenzbereiche in den Feldern 1 bis 4 genauer unter die Lupe und prüfen Sie, welche Konsequenzen Sie daraus ziehen.
>
> a) Gesicherte Stärken: Auf diese Stärken können Sie bauen. In welchen Situationen und wie können Sie diese Stärken noch besser als bisher einsetzen?
>
> b) Nicht bewusste Stärken: Wie können Sie diese Stärken noch besser wahrnehmen als bisher? Wo können Sie sich Feedback zu diesen Stärken einholen? In welchen Situationen können Sie diese Ihnen noch nicht bewussten Stärken gezielt trainieren?
>
> c) Entwicklungsfelder: Wie können Sie diese Kompetenzen entwickeln? Woran sollten Sie dabei arbeiten?
>
> d) Blinder Fleck: An welchen Indikatoren können Sie festmachen, wie groß Ihr Entwicklungspotenzial in diesem Bereich ist? Was ist dran am Feedback der anderen? Worauf bezieht sich Ihre eigene Wahrnehmung? Überprüfen Sie sich selbstkritisch.

In der nächsten Übung definieren Sie, welche Stärken Sie für zukünftige Herausforderungen nutzen wollen und welche Schwächen Sie dazu abbauen müssen.

Kompetenzen weiterentwickeln

Übung:
Welche Kompetenz passt auf welche Herausforderung?

1. Schreiben Sie zwei konkrete Herausforderungen auf (Herausforderung A und Herausforderung B).

2. Welche Stärken können Sie in Herausforderung A nutzbringend einsetzen, welche in Herausforderung B?

3. Welche Stärken sind für diese Herausforderungen unpassend oder sogar kontraproduktiv, zumindest, wenn Sie es mit dieser Stärke in den Situationen übertreiben? Auf welche Stärke sollten Sie in Herausforderung A, auf welche in Herausforderung B verzichten und welche sollten Sie reduziert einsetzen?

4. Welche Ihrer Schwächen müssen Sie ausbauen, um Herausforderung A und Herausforderung B erfolgreich zu bewältigen?

5. Was können Sie konkret tun, um diese Schwächen abzubauen, damit Sie sich in diesem Kompetenzfeld weiterentwickeln können? Lesen Sie dazu auch die jeweiligen Kapitel zu den Kompetenzfeldern und gewinnen Sie daraus Anregungen.

Persönlichkeit, Haltung, Kompetenz 12

Führungs-Kraft im Dreieck 162
Der Fall Peter Ostermann 163
Der Fall Elke Engel 166
Der Fall Torsten Reiter............. 169
Führungs-Kraft entwickeln 173

Führungs-Kraft im Dreieck

Persönlichkeit, Haltung und Kompetenz beeinflussen sich wechselseitig. Wer mit einer gestaltenden Grundhaltung an seine Führungsaufgabe herangeht, entwickelt seine Kompetenzen weiter. Die Erfahrung, mit seinen Kompetenzen etwas in eine positive Richtung lenken zu können, stützt die eigene Haltung zur Führung. Und die Art und Weise, wie ich Informationen wahrnehme und beurteile (Persönlichkeit), hat Einfluss darauf, welche Prioritäten ich setze und in welcher Art und Weise ich meine Kompetenzen auslebe. Deshalb muss das Zusammenspiel von Persönlichkeit (Wer bin ich?), Haltung (Was will ich?) und Kompetenzen (Was kann ich?) berücksichtigt werden.[17]

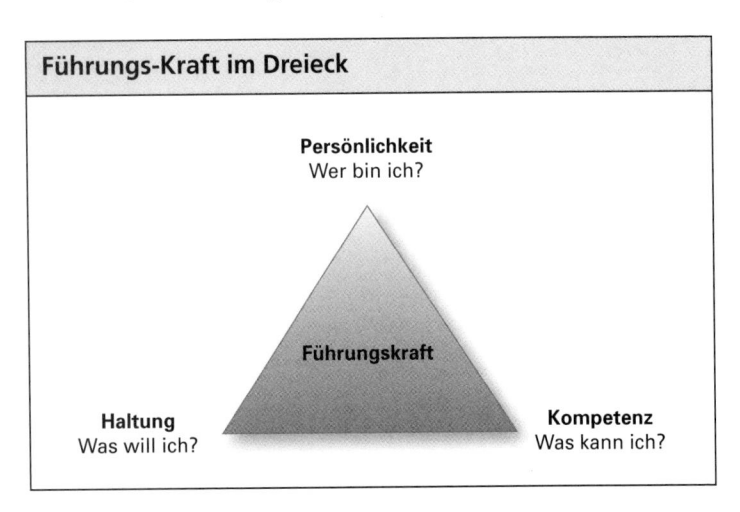

Führungs-Kraft im Dreieck

Persönlichkeit
Wer bin ich?

Führungskraft

Haltung
Was will ich?

Kompetenz
Was kann ich?

---

[17] Das Instrument Power-Potential-Profile® erhebt als mehrdimensionales Selbsteinschätzungsverfahren inkl. 360-Grad-Feedback alle drei Dimensionen: die Persönlichkeit mit dem JPP, die Haltung mit der MDA und die Kompetenzen mit dem FSL. Dabei liegt auch eine Vertriebsvariante vor, in der Vertriebskompetenzen abgefragt werden, s. dazu im Anhang.

In den folgenden Fallskizzen erkennen Sie, wie sich diese drei Bereiche gegenseitig beeinflussen. In der darauffolgenden Übung bieten wir Ihnen ein Modell, mit dem Sie alle drei Ebenen für sich persönlich analysieren und daraus Entwicklungsschritte zur Stärkung Ihrer Führungs-Kraft ableiten können.

Der Fall Peter Ostermann

Peter Ostermann ist seit einem halben Jahr Führungskraft in einem Versicherungskonzern. Er ist bereits als Auszubildender eingestiegen, hat dann schnell Karriere gemacht und nun zum ersten Mal Führungsverantwortung übernommen. Er nimmt an einem Führungskräfte-Entwicklungsprogramm teil und reflektiert dort gemeinsam mit den Trainern und seinem Coach seine Führungsrolle.

Herr Ostermann ist in seiner Persönlichkeit ein extravertierter Mensch, der sehr gut mit Fakten umgehen kann, sich auf seine Erfahrungen verlässt und ein Machertyp ist. Er weiß, was im Unternehmen richtig und was falsch ist. Er hat eine feste Vorstellung davon, wie die Dinge zu laufen haben. Sein Persönlichkeitsprofil zeigt die Buchstaben ESTJ.

In seiner neuen Rolle als Führungskraft stellt er fest, dass er mit seiner Meinung bei seinen Mitarbeitern selten Gehör findet. Das ärgert ihn sehr und er fragt sich, wie er sich besser durchsetzen kann.

In einer Coaching-Sitzung stellt sich heraus, dass Peter Ostermann häufig aus einer befehlenden Grundhaltung heraus agiert. Der emotionale und soziale Aspekt in der Auseinandersetzung mit seinen Mitarbeitern ist ziemlich schwach ausgeprägt. Im Zusammenspiel mit seiner Persönlichkeit wird Herrn Ostermann deutlich, dass er sich nicht gut in die Gefühle, Gedanken und

Persönlichkeit, Haltung, Kompetenz

Meinungen seiner Mitarbeiter hineinversetzen kann. Dies ist aber wichtig, wenn man andere überzeugen möchte. Als Machertyp (ESTJ) hat er das nicht für wichtig gehalten, zumal dies bisher in seiner Laufbahn keine Rolle spielte. Ihm wird klar, dass er als Führungskraft seine Persönlichkeit nicht immer einseitig ausspielen kann: analytisch, sachlich, schnell und entschieden.

Im dritten Bereich der Führungs-Kraft, der Kompetenz, wird deutlich, dass Herr Ostermann vor allem seine Fähigkeiten in der Motivation und Innovation ausbauen sollte. Andere zu motivieren, für ein Ziel oder eine Sache zu begeistern, zählt nicht gerade zu seinen Stärken. Die Zielorientierung und Erfolgskontrolle sind dagegen stark entwickelte Kompetenzfelder von Herrn Ostermann.

Was würden Sie Herrn Ostermann empfehlen, wenn Sie sein Vorgesetzter, Mentor oder Coach wären? Lassen Sie sich auf diese kleine Gedankenübung ein, bevor Sie weiterlesen. Damit setzen Sie sich aktiv mit den bisherigen Erkenntnissen zur Entwicklung einer Führungspersönlichkeit auseinander.

Übung:
Empfehlungen für Peter Ostermann

1. In welchen Situationen sind die Stärken von Herrn Ostermann besonders gefragt? In welchen Situationen wird er besonders glänzen können?

2. In welchen Situationen kommen die Schwächen von Herrn Ostermann zum Vorschein? In welchen Situationen wird er sich schwer tun?

3. Welche Empfehlungen geben Sie Herrn Ostermann zur Weiterentwicklung seiner Führungs-Kraft?

Der Fall Peter Ostermann

In diesem Fall wird deutlich, wie sich Persönlichkeit, Haltung und Kompetenzen gegenseitig beeinflussen und verstärken. Peter Ostermann hat seine ESTJ-Persönlichkeit stark und einseitig ausgebaut. Damit konnte er viele Situationen erfolgreich bewältigen und Karriere machen. Doch jetzt stellt er fest, dass es Situationen gibt, in denen diese Einstellung und Verhaltensweise ihm nicht weiterhilft. Mehr noch: Sie ist sogar für etliche Situationen, die er als Führungskraft auch bewältigen muss, kontraproduktiv. Dies sind vor allem Situationen, in denen es darum geht, Mitarbeiter zu beteiligen, sie zu motivieren, Zusammenarbeit und Eigenengagement zu fördern. Herr Ostermann muss lernen, die Situationen und Gefühle seiner Mitarbeiter und auch deren Meinungen und Erfahrungen zu bestimmten Themen ernst zu nehmen und zu berücksichtigen. Dabei können z. B. Einzelgespräche helfen, in denen er die Meinungen und Erfahrungen seiner Mitarbeiter zu spezifischen Themen und Herausforderungen erfragt. Wichtig ist, dass er dabei geduldig bleibt und gut zuhört: Wie ist die Situation aus der Perspektive der Mitarbeiter zu beschreiben? Welcher Mitarbeiter bringt welche Expertise ein? Herr Ostermann wird dabei auch Kompromisse machen müssen, damit die Mitarbeiter spüren, dass ihre Vorschläge ernst genommen werden. Und er sollte überlegen, wie er den Handlungsspielraum seiner Mitarbeiter erweitert, etwa über die Delegation von wichtigen Projekten an einzelne Mitarbeiter.

So kann Herr Ostermann seine Persönlichkeit, seine Haltung und seine Kompetenzen weiterentwickeln, um auch die neuen Herausforderungen in der Führungsaufgabe erfolgreich zu bewältigen.

Im Gespräch mit seinem Coach hat er einen konkreten Lernplan entwickelt: „Wie kann ich beim demnächst anstehenden Veränderungsprojekt mein Team besser mit einbeziehen? Was muss ich dafür alles berücksichtigen und tun? Wie gehe ich dabei konkret vor?"

Persönlichkeit, Haltung, Kompetenz

Peter Ostermann im Führungs-Kraft-Dreieck

Persönlichkeit:
ESTJ-Machertyp

Die eigene Meinung zählt. Weiß, was richtig ist. Emotionen der anderen spielen keine Rolle. Kann sich nicht durchsetzen.

Lernherausforderung:
- Motivationsfähigkeit ausbauen
- Sich gelegentlich zurückhalten
- Zuhören lernen und Emotionen verstehen
- Im Veränderungsprojekt Unterstützer gewinnen

Peter Ostermann

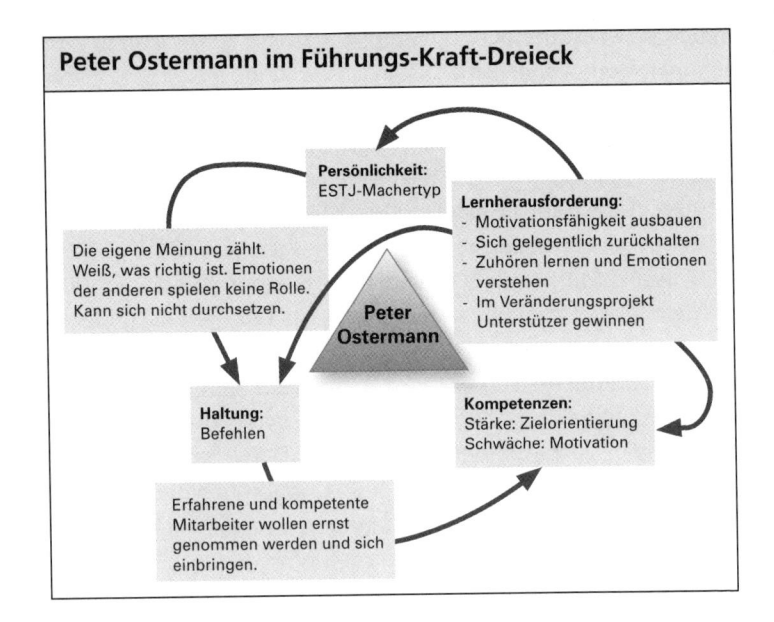

Haltung:
Befehlen

Kompetenzen:
Stärke: Zielorientierung
Schwäche: Motivation

Erfahrene und kompetente Mitarbeiter wollen ernst genommen werden und sich einbringen.

Der Fall Elke Engel

Elke Engel ist Key Account Managerin (KAM) in einem Pharma-Konzern. Sie hat eine fundierte kaufmännische Ausbildung, war im Vertrieb in unterschiedlichen Unternehmen tätig, kommt aber nicht aus dieser Branche. Frau Engel füllt seit zwei Jahren in diesem Unternehmen sehr erfolgreich die KAM-Funktion aus und konnte bereits etliche Verkaufserfolge vorweisen. Frau Engel wurde nun ausgewählt, an einem Führungsnachwuchsprogramm teilzunehmen. Dieses Programm soll Führungskräfte für die Zukunft ausbilden, damit die nächsten freien Positionen gut und kompetent von eigenen Mitarbeiterinnen und Mitarbeitern besetzt werden können. In diesem Programm arbeitet Frau Engel an ihrer Einstellung, Persönlichkeit und an ihren Kompetenzen zur Führung.

Der Fall Elke Engel

Frau Engel ist extravertiert, offen, kann schnell auf Menschen zugehen, ist emotional, herzlich und hat viele Ideen. Sie ist eine ENFJ-Persönlichkeit. Im Gespräch mit dem Trainer wird anhand der Analyse deutlich, dass es Situationen gibt, in denen sich Frau Engel sehr unsicher fühlt. Sie kann sich zwar gut durchsetzen, aber ihr Selbstwertgefühl ist nicht besonders stark ausgeprägt. Frau Engel hat sich schon gewundert, warum sie zu diesem Programm eingeladen wurde. Aber Kollegen bescheinigen ihr, dass man ihr das fehlende Selbstvertrauen gar nicht ansieht. Ihre Einstellung in Bezug auf Führung ist tendenziell eine sich fügende Grundhaltung – trotz der guten Durchsetzungsfähigkeit. In ihrer Einstellung im Umgang mit Kolleginnen und Kollegen kommt ihr hohes Verantwortungsgefühl zum Tragen. Sie nimmt Emotionen ernst, achtet auch auf Integration von Kollegen aus dem Team (sozialer Aspekt) und hat immer die Organisation im Blick (organisationaler Aspekt). Sie zeigt ausgeprägte Fähigkeiten in der Konfliktmoderation, sieht sich aber bei der Motivationsfähigkeit selbst sehr schwach.

Nun sind Sie wieder an der Reihe. Machen Sie diese kleine Übung, bevor Sie weiterlesen. Was würden Sie Frau Engel empfehlen, wenn Sie ihr Vorgesetzter, Mentor oder Coach wären?

Übung:
Empfehlungen für Elke Engel

1. In welchen Situationen sind die Stärken von Frau Engel besonders gefragt? In welchen Situationen wird sie besonders glänzen können?

2. In welchen Situationen kommen die Schwächen von Frau Engel zum Vorschein? In welchen Situationen wird sie sich schwer tun?

3. Welche Empfehlungen geben Sie Frau Engel zur Weiterentwicklung ihrer Führungs-Kraft?

Persönlichkeit, Haltung, Kompetenz

Was sollte Frau Engel tun, um sich optimal auf eine mögliche neue Führungsrolle vorzubereiten? Zuerst sollte sie das innere Selbstbild (Haltung „Selbstwert") stärken. Dabei hilft es ihr nicht, sich auf ihre Schwächen zu konzentrieren und an diesen zu arbeiten. Vielmehr muss Frau Engel sich zunächst bewusst machen und verinnerlichen, wie sie auf andere positiv wirkt. Das heißt, ihre Haltung zu sich selbst (Selbstwertgefühl) sollte sich ändern.

Der Trainer gibt Frau Engel in einzelnen Seminarmodulen des Führungsnachwuchsprogramms die Aufgabe, in Rollenspielen Mitarbeiterkonflikte zu moderieren. Hier kann sie ihre Stärken voll ausspielen. Sie erhält von der Gruppe und vom Trainer das entsprechende positive Feedback, welches sie emotional stärkt. Dabei soll Frau Engel vor allem auf ihre Intuition und ihre subjektive Entscheidungsbasis vertrauen. Denn das ist eine wesentliche Stärke ihrer Persönlichkeit: die gefühlsorientierte Entscheidung (Feeling – F).

Eineinhalb Jahre nach diesem Führungsnachwuchsprogramm überträgt man Frau Engel Führungsverantwortung. Sie ist aufgrund des Programms gestärkt und hat ihre Haltung ausgebaut. Nach außen hin wird der Unterschied auf den ersten Blick nicht sofort wahrgenommen. Doch da sie sich in die gestaltende Haltung hinein entwickelt hat, kann sie ihre Rolle als Führungskraft wesentlich besser ausfüllen. Das hilft ihr, in schwierigen Situationen souverän zu bleiben und ihren Stärken zu vertrauen. Im nächsten Jahr will sie gezielt ihren Erfahrungshintergrund ausbauen. Aus diesem Grund hat sie sich dazu bereit erklärt, die Leitung für ein Veränderungsprojekt im Unternehmen zu übernehmen. Hier geht es mitunter darum, auch unangenehme Entscheidungen durchzusetzen. Frau Engel geht somit im zweiten Schritt an den Ausbau weiterer wichtiger Kompetenzen, die bisher nicht zu ihren Stärken zählten.

Elke Engel im Führungs-Kraft-Dreieck

Persönlichkeit:
ENFJ – begeistern und treiben

Lernherausforderung:
- Zuerst mit Konfliktmoderation und emotionaler Kompetenz positives Feedback ernten
- Selbstwertgefühl ausbauen
- Anschließend lernen, auch unangenehme Themen durchzusetzen

Zieht andere mit. Nimmt Gefühle ernst. Setzt sich durch, obwohl sie Selbstzweifel hat. Sieht ihre gefühlsorientierte Entscheidung als Schwäche.

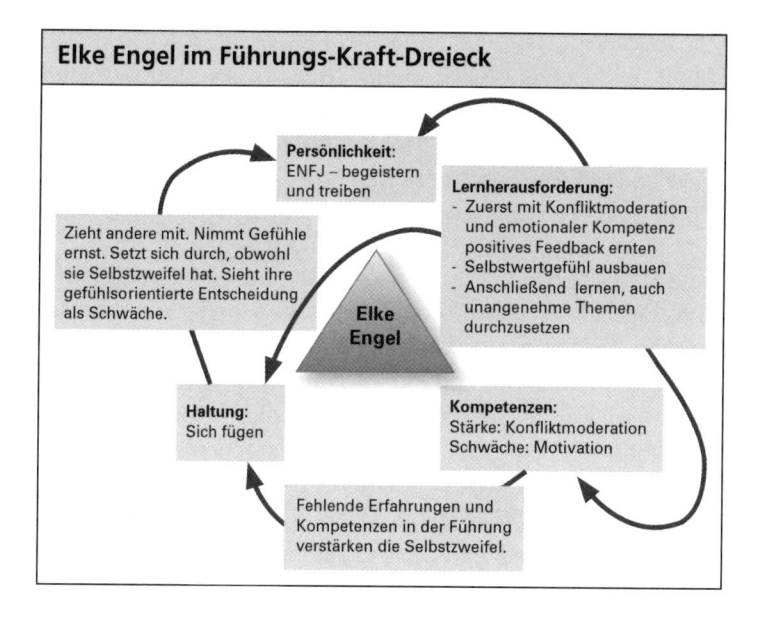

Elke Engel

Haltung:
Sich fügen

Kompetenzen:
Stärke: Konfliktmoderation
Schwäche: Motivation

Fehlende Erfahrungen und Kompetenzen in der Führung verstärken die Selbstzweifel.

Der Fall Torsten Reiter

Torsten Reiter ist Bauingenieur und Architekt und leitete viele Jahre sein eigenes kleines Architekturbüro. Vor einem Jahr hat er das Angebot eines großen renommierten Bauunternehmens angenommen, die Geschäftsführung zu übernehmen und eine notwendige Reorganisation einzuleiten. Er war es bisher gewohnt, selbstständig und relativ unabhängig von anderen Interessen zu entscheiden. Nach einem Jahr Tätigkeit als Geschäftsführer stellt er fest, dass er mit seiner Art in der neuen Rolle nicht klarkommt. Es gibt immer häufiger Kritik aus den Reihen seiner Abteilungsleiter und Mitarbeiter. Viele Umsetzungsprojekte stocken. Er hat bereits Feedback von seinen direkten Führungskräften eingeholt, ist sich aber nicht sicher, ob alle offen und ehrlich waren. Jetzt sucht er vertrauensvoll einen Coach auf, um konkrete Anregungen zu erhalten, wie er seine Führungsrolle als Geschäftsführer besser wahrnehmen kann.

Persönlichkeit, Haltung, Kompetenz

Der Coach lässt Herrn Reiter nach der ersten Sitzung das Power-Potential-Profile® ausfüllen. Herr Reiter ist ein introvertierter Mensch, der sehr gut analytisch arbeiten und in Ruhe Konzepte und Entwürfe entwickeln kann, die bei seinen Kunden gut ankommen (INTP-Persönlichkeit). Damit hat er in seiner Selbstständigkeit großen Erfolg erzielt.

Diese Stärke nutzt er in seiner neuen Führungsrolle als Geschäftsführer. Sie hilft ihm, das Unternehmen strukturiert zu reorganisieren. Aber gleichzeitig werden auch seine Schwächen deutlich. Als introvertierter Mensch kommuniziert er seine Überlegungen zu spät an seine Abteilungsleiter und Mitarbeiter. Diese fühlen sich oft uninformiert über die Ziele und das Vorgehen. Dadurch entstehen viele unnötige Vermutungen in den Köpfen der Mitarbeiter, was sie wohl als Nächstes in der Reorganisation erwartet. Herr Reiter hat eine gestaltende Grundhaltung und den Blick für das Ganze (organisationale Verantwortung). Da er aber seine Führungskräfte nicht rechtzeitig eingebunden hat (schwach ausgeprägte Teamfähigkeit), können diese ihn in der Kommunikation schlecht unterstützen. Einige Mitarbeiter, die viele Jahre loyal und kompetent für das Unternehmen gearbeitet haben, fühlen sich missverstanden und rücken in Opposition zu Herrn Reiters Veränderungszielen. Dieser Widerstand hat sich aber vermutlich nicht aus sachlichen Überlegungen heraus entwickelt, sondern eher aus Mangel an Wertschätzung. Denn Herr Reiter hatte die Einstellung, wer kompetent ist, der wird das schon verstehen, was notwendig ist. Das sei doch offensichtlich. Und wer das anders sehe, werde sowieso nicht mehr im Unternehmen gebraucht. Diese gering ausgeprägte soziale Verantwortung bei Herrn Reiter hat nun dazu geführt, dass das Erfahrungswissen von wichtigen Mitarbeitern bisher nicht in die Überlegungen zur Reorganisation eingeflossen ist. Einige Führungskräfte, die ein hohes Ansehen in der Stammbelegschaft genießen, unterstützen daher Herrn Reiters

Der Fall Torsten Reiter

Maßnahmen nicht mehr aktiv. Sie haben das Gefühl, er setze sowieso nicht mehr auf sie. Im Feedback haben die Führungskräfte Herrn Reiter deutlich gemacht, dass sie durchaus die Notwendigkeit der Veränderung sehen. Nur sei ihnen nicht klar, wohin Herr Reiter steuere; die Sinnhaftigkeit einiger der angestoßenen Maßnahmen leuchte ihnen nicht ein. Darüber hinaus hätten sie selbst eigene Vorschläge zur Umsetzung der Veränderung gemacht, die aber jedes Mal von Herrn Reiter abgeschmettert wurden.

Auch hier machen wir weiter mit einer kleinen Gedankenübung. Versetzen Sie sich bitte in die Rolle des Coachs von Herrn Reiter, bevor Sie weiterlesen.

> **Übung:**
> **Empfehlungen für Torsten Reiter**
>
> 1. In welchen Situationen sind die Stärken von Herrn Reiter besonders gefragt? In welchen Situationen wird er besonders glänzen können?
> 2. In welchen Situationen kommen die Schwächen von Herrn Reiter zum Vorschein? In welchen Situationen wird er sich schwer tun?
> 3. Welche Empfehlungen geben Sie Herrn Reiter zur Weiterentwicklung seiner Führungs-Kraft?

Der wichtigste Lernaspekt für Herrn Reiter im Coaching ist die Erkenntnis, dass er die Veränderungen im Unternehmen nur dann erfolgreich umsetzen kann, wenn er frühzeitig andere einbindet. Als introvertierter „Entwickler" muss Herr Reiter lernen, seine Ideen rechtzeitig zu kommunizieren und die Konzepte von anderen mitentwickeln zu lassen.

Herr Reiter erarbeitet mit seinem Coach einen Plan, wie eine regelmäßige Kommunikation mit den wichtigen Entscheidern im

Persönlichkeit, Haltung, Kompetenz

Unternehmen aussehen könnte. Er überlegt, wie er wichtige Mitarbeiter für das Projekt gewinnen und auf deren Bedenken und Vorschläge eingehen kann. Welche Kompromisse sind für ihn möglich? In welchen Formen schafft er Foren der Beteiligung, wie geht er auf einzelne Mitarbeiter zu? Welche Teilprojekte der Reorganisation kann er delegieren? Wie kann er wichtige Promotoren für die Reorganisation gewinnen, die einen großen Einfluss auf die ganze Belegschaft haben?

So kann Herr Reiter seine Teamfähigkeit und seine Einstellung zur sozialen Verantwortung ausbauen. Herr Reiter lernt, dass er andere – in seinen Augen nicht ganz so kompetente Mitarbeiter und Führungskräfte – braucht, um die Akzeptanz für die Veränderung deutlich zu erhöhen. Denn nur mit einem starken Team, welches überzeugt ist, sich einbringt und „mit-zieht", wird die Reorganisation zum Erfolg.

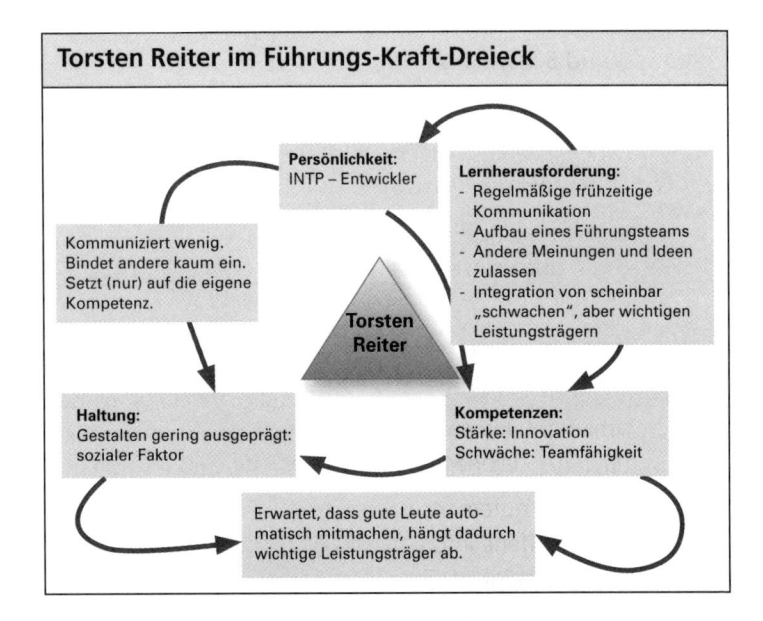

Torsten Reiter im Führungs-Kraft-Dreieck

Persönlichkeit:
INTP – Entwickler

Lernherausforderung:
- Regelmäßige frühzeitige Kommunikation
- Aufbau eines Führungsteams
- Andere Meinungen und Ideen zulassen
- Integration von scheinbar „schwachen", aber wichtigen Leistungsträgern

Kommuniziert wenig. Bindet andere kaum ein. Setzt (nur) auf die eigene Kompetenz.

Torsten Reiter

Haltung:
Gestalten gering ausgeprägt: sozialer Faktor

Kompetenzen:
Stärke: Innovation
Schwäche: Teamfähigkeit

Erwartet, dass gute Leute automatisch mitmachen, hängt dadurch wichtige Leistungsträger ab.

Führungs-Kraft entwickeln

Bei der folgenden Übung können Sie alle drei Elemente einer erfolgreichen Führungskraft analysieren und daraus persönliche Erfolgsstrategien für sich ableiten.

> **Übung:**
> **Schritt 1**
>
> Benennen Sie aus allen drei Bereichen (Persönlichkeit, Haltung, Kompetenzen) Ihre Stärken und Schwächen möglichst konkret, evtl. unterlegt mit Beispielen aus Ihrer Führungspraxis. Nutzen Sie hierfür die Beschreibungen von Persönlichkeit, Haltung und Kompetenzen aus den vorangegangenen Kapiteln.

> **Beispiel:**
> **Stärken und Schwächen**
>
> Meine persönlichen Stärken:
>
> - Ich habe ein gutes Auge für das Detail und bin ein sehr sachlicher Mensch (Persönlichkeit: ST-Typ).
> - Ich habe stets eine eigene Meinung und kann mich in der Regel gut durchsetzen (Haltung: Unabhängigkeit, Durchsetzung).
> - Ich habe bei meiner Arbeit immer das ganze Unternehmen im Blick (Haltung: Organisationaler Faktor).
> - Ich führe mit klaren Plänen und festen Meilensteinen (Kompetenz: Zielorientierung, Erfolgskontrolle).
> - Ich stehe in gutem Austausch mit meinem Team und pflege eine offene Informationspolitik (Kompetenz: Kommunikationsfähigkeit, Teamfähigkeit).

Persönlichkeit, Haltung, Kompetenz

Meine persönlichen Schwächen:

- Ich bin häufig zu dominant in Meetings und sehr bestimmend (Persönlichkeit: Extravertiert und Judging).
- Ich bilde mir sehr schnell eine Meinung im Sinne von „hoppla, hier komme ich" (Haltung: Selbstwert).
- Manche sagen, ich ignoriere die Befindlichkeiten meiner Kollegen und Mitarbeiter, höre schlecht zu und lasse manchen Mitarbeitern wenig Lernspielraum (Haltung: Emotionaler Faktor, Sozialer Faktor).
- Ich halte sehr lange (zu lange?) an Bestehendem, Bewährtem fest (Kompetenz: Innovationsfähigkeit).
- Der Zugang zu Gefühlen anderer ist bei mir nicht sehr stark ausgeprägt (Kompetenz: Motivationsfähigkeit, Konfliktmoderation).

Übung:
Schritt 2

Werfen Sie nun einen Blick auf Ihre konkrete Führungspraxis in der Zukunft: Welche Herausforderungen kommen auf Sie zu, welche Entwicklungen stehen in Ihrem Unternehmen oder in Ihrer Organisationseinheit bevor, mit welchen Personen, Kunden, Projekten, Themen werden Sie sich in nächster Zeit beschäftigen? Diese Situationen in Ihrem Umfeld teilen Sie ein in die zwei Felder „Chancen" und „Risiken". Welche von diesen Herausforderungen sehen Sie für sich persönlich eher als Chance und welche als Risiko?

Führungs-Kraft entwickeln

Beispiel:
Chancen und Risiken

Meine Chancen in meinem Umfeld (z. B. Führungsherausforderungen, die ich positiv sehe):

- Meine Abteilung könnte mehr Mitarbeiter erhalten, wenn wir mit dem Forschungsprojekt positive Ergebnisse erzielen.
- Ich genieße zurzeit eine hohe Akzeptanz bei der Geschäftsführung.
- Mein eigener Aufgabenbereich ist zurzeit klar umgrenzt und sicher.
- Mit den Ergebnissen unseres Projekts könnte sich für unser Unternehmen ein neues Geschäftsfeld (neues Produkt) ergeben und damit neue Chancen im Markt für Wachstum.

Risiken in meinem Umfeld (z. B. Führungsherausforderungen, die kritisch sind):

- Wir brauchen neue Zielgruppen und Kunden, diese sind für uns nicht leicht erreichbar und von den Wettbewerbern hart umkämpft.
- Wir müssen uns von geliebten Themen verabschieden, einige Mitarbeiter möchten gern an den alten Konzepten festhalten.
- Einige müssen umlernen, wir müssen neue Mitarbeiter holen, die Anforderungen an die jetzige Belegschaft werden steigen, das können nicht alle schaffen.
- Ich werde viel Gegenwind von den anderen Abteilungen ernten, wenn mein Projekt scheitert und ich Unruhe bei den Mitarbeitern gestiftet habe, die sich nicht umstellen können oder wollen.

Persönlichkeit, Haltung, Kompetenz

Setzen Sie nun die Stärken und Schwächen in eine Beziehung zu den Chancen und Risiken und leiten Sie daraus mögliche Entwicklungsmaßnahmen für sich persönlich als Führungskraft ab. Das geht nach folgendem Muster:

- Stärke/Chance: „Wie setzen Sie Ihre Stärken ein, wenn sich diese Chancen bieten?"

- Stärke/Risiko: „Wie setzen Sie Ihre Stärken ein, wenn diese Risiken bestehen?"

- Schwäche/Chance: „Was machen Sie im Fall der Chancen mit Ihren Schwächen, wie gehen Sie damit um?"

- Schwäche/Risiko: „Was machen Sie im Fall der Risiken mit Ihren Schwächen, wie gehen Sie damit um?"

Bitte bearbeiten Sie dabei nur die ernsthaften Chancen und Risiken. Rein theoretische Überlegungen bringen bei dieser Übung keinen Mehrwert. Anhand des Beispiels können Sie erkennen, wie Schritt 3 konkret bearbeitet wird.

Beispiel: Schritt 3

		Chancen im Umfeld	Risiken im Umfeld
		■ mehr Mitarbeiter ■ hohe Akzeptanz bei der GF ■ eigener Aufgabenbereich umgrenzt und sicher	■ neue Zielgruppen und Formate müssen her ■ Verabschiedung von geliebten Themen, Kunden
Stärken	Persönlichkeit: Auge fürs Detail und sachlich Haltung: finde Gehör; habe das Unternehmen im Blick Kompetenz: klare Pläne und Meilensteine; guter Austausch mit anderen	**Stärken-Chancen-Maßnahmen** ■ Wachstumspläne genau beschreiben und kontrollieren ■ Kommunikation v.a. nach „oben" suchen ■ eigene Erfolge festhalten und darüber reden	**Stärken-Risiken-Maßnahmen** ■ Neuerungen genau beschreiben ■ mit GF gemeinsam den eigenen Aufgabenbereich „ausmisten" ■ konkreter Plan B anstatt vieler Szenarien
Schwächen	Persönlichkeit: häufig zu vorlaut und zu bestimmend Haltung: zu sehr „hoppla hier komm ich"; gehe über „Leichen" Kompetenz: halte zu lange an Bestehendem fest; Zugang zu Gefühlen anderer fehlt	**Schwächen-Chancen-Maßnahmen** ■ andere stärker mit einbeziehen ■ mehr Schnittstellen zu anderen Kollegen und Aufgaben finden ■ Kollegen nach ihrer Meinung zu meinem Aufgabenbereich fragen	**Schwächen-Risiken-Maßnahmen** ■ sich auf das Neue einlassen ohne „ja, aber" ■ ein oder zwei andere Kollegen einen Vorschlag für Neuerungen machen lassen ■ das mögliche Positive des Neuen (und das Negative des Bekannten) herausarbeiten

Persönlichkeit, Haltung, Kompetenz

> **Übung:**
> **Schritt 4**
>
> Aus diesen Ideen für Maßnahmen zur Wahrnehmung Ihrer Führungsrolle erarbeiten Sie nun einen konkreten Maßnahmenplan mit Prioritäten. Was werden Sie zuallererst bis wann umsetzen? Welche Meilensteine wird es dabei geben? Wie geht es weiter?

Ihr persönlicher Maßnahmenplan

Sie haben nun eine Reise durch die Bestandteile der persönlichen Komponenten von Führung hinter sich gebracht. Wir sehen uns noch einmal den flow malex cube® (siehe Einleitung) an. Einige Felder aus dem Bereich „Leadership" haben Sie beleuchtet.

Der flow malex cube®					
Management	Rahmen	Strategie	Struktur	Kultur	
	Tätigkeitsfeld	Prozesse	Mitarbeiter	Finanzen	
Leadership	Identität	Persönlichkeit	Haltung	Kompetenz	
	Rolle	Entwickler	Begeisterer	Ermöglicher	Vorbild
Excellence	Ziel	Zielsetzung		Ergebnismessung	
	Effizienz	Planung	Umsetzung	Bewertung	

Welche Anregungen haben Sie dabei für sich gewinnen können? Diese Anregungen sollten Sie in konkretes Handeln überführen. Wo fühlen Sie sich bestätigt, wo wollen Sie etwas dazulernen, wo wollen Sie etwas anders machen als bisher? Wo suchen Sie evtl. Unterstützung in einem professionellen Coaching? Entwickeln Sie einen Maßnahmenplan, um Ihre eigene Führungsrolle zu stärken. Dabei wünschen wir Ihnen viel Erfolg.

Das Power-Potential-Profile®

Das Power-Potential-Profile® ist ein multimodales, mehrdimensionales Messinstrument zu Bereichen der Persönlichkeit, der Haltung und zu Führungs- oder Verkaufskompetenzen. Damit können die drei Elemente der Führungs-Kraft in Form einer Selbsteinschätzung bestimmt werden. Das Instrument lässt sich mit einer oder mehreren Fremdeinschätzung(en) kombinieren und somit auch als 360-Grad-Feedback nutzen. Es beinhaltet vier psychometrische Test-Instrumente:

- Das JPP (Jungian Personality Profile) messen persönlichkeitsstabile Faktoren, die sich aus der Theorie der psychologischen Typen von C.G. Jung ergeben.

- Die MDA (Matrix for the Development of Attitude) misst die Einstellung von Personen zu den Bereichen Autorität und Verantwortung.

- Die FSL (Future Skills for Leadership) messen Kompetenzfelder, die für Führungskräfte wesentlich sind.

- Die FSS (Futures Skills for Sales) messen Kompetenzfelder, die für Vertriebsmitarbeiter wesentlich sind.

Das Power-Potential-Profile® kann nur in Zusammenhang mit einem Seminar, Coaching oder einer Beratung über lizenzierte Berater bezogen werden. Die Beraterliste ist auf der Webseite **www.powerpotentialprofile.de** einsehbar.

Die Anwendung erfolgt über das Internet. Dort werden ca. 200 Fragen beantwortet, aus denen sich das Ergebnis errechnet. Dieses persönliche Ergebnis in Form eines 30-seitigen Reports überreicht und erläutert der lizenzierte Berater im Seminar oder im Coaching. Das Ergebnis sollte immer vor dem Hintergrund der jeweiligen Berufs- und Führungssituation des Teilnehmers interpretiert werden.

Das Power-Potential-Profile®

Das Power-Potential-Profile® wurde in den 1990er-Jahren von der flow consulting gmbh in Zusammenarbeit mit der Future Systems Consulting (USA und Deutschland) entwickelt.

2005 wurde die Güte des Instruments von Dr. Kastenmüller und Dr. Fischer vom Lehrstuhl für klassische Sozialpsychologie der Universität München in mehreren Studien überprüft und gemeinsam mit der flow consulting gmbh weiterentwickelt. Seitdem finden in regelmäßigen Abständen Evaluationen, Studien und statistische Analysen zum Power-Potential-Profile® statt.

Seit 2013 ist das Power-Potential-Profile® in der 3. Revision erhältlich. Die Studien zeigen, dass es alle wissenschaftlichen Güte-Anforderungen an ein Instrument für Coaching und Entwicklung erfüllt: Objektivität, Zuverlässigkeit (Reliabilität), Gültigkeit (Validität), Nützlichkeit und Ökonomie. Zudem werden nur erfahrene Coaches lizenziert, die festen Qualitätsregeln unterliegen.

Im Folgenden stellen wir Ihnen einige Auszüge dieser Studien vor.

Retest-Reliabilität des JPP (Jungian Personality Profile)[18]

Die Faktoren des JPP	Retest-Reliabilität
Ebene 1 (Extraversion vs. Introversion)	$r = .88$
Ebene 2 (Sinneswahrnehmung vs. Intuition)	$r = .83$
Ebene 3 (Analytische vs. gefühlsmäßige Entscheidung)	$r = .83$
Ebene 4 (Beurteilende vs. wahrnehmende Einstellung)	$r = .76$

Bei allen Werten $ps < .05$.

Bei Personalauswahlinstrumenten werden nach der DIN 33430 Richtwerte von .70 bis .85 vorgegeben. Bei Personalentwicklungsinstrumenten sollten die Werte möglichst nicht unter .60 liegen. Die Theorie des JPP beschreibt eine Gültigkeit der Messergebnisse relativ unabhängig von der Zeit. Diese Retest-Untersuchung bestätigt diese Theorie und zeigt beim JPP mit Werten von .76 bis .88 hervorragende Werte.

---

[18] vgl. Kastenmüller A./Fischer, P. (2007): Gutachten: Die Gütekriterien des Power-Potential-Profile®

Das Power-Potential-Profile®

Reliabilität nach Cronbach-Alpha beim MDA (Matrix for the Development of Attitude)[19]

Die Faktoren des MD	Reliabilität nach Cronbach Alpha
Selbstwert (Autorität)	$\alpha = .80$
Unabhängigkeit (Autorität)	$\alpha = .70$
Durchsetzung (Autorität)	$\alpha = .65$
Emotionaler Faktor (Verantwortung)	$\alpha = .66$
Sozialer Faktor (Verantwortung)	$\alpha = .62$
Organisationaler Faktor (Verantwortung)	$\alpha = .73$

Bei Reliabilitäten nach Cronbach-Alpha sollten die Werte über .60 liegen. Die niedrige Reliabilität (.62) beim Sozialen Faktor liegt daran, dass diese Skala nur mit drei Items erfasst wird, was automatisch zu geringeren Alpha-Werten führt. Für die Anwendung des MDA in der Personalentwicklung, im Training und Coaching ergibt sich eine gute Zuverlässigkeit.

Reliabilitäten des FSL (Future Skills for Leadership)[20]

Die Faktoren des FSL	Reliabilität nach Cronbach Alpha	Retest-Reliabilität
Konfliktmoderation	$\alpha = .80$	$r = .57$
Teamfähigkeit	$\alpha = .64$	$r = .61$
Erfolgskontrolle	$\alpha = .73$	$r = .64$
Innovation	$\alpha = .75$	$r = .74$
Kommunikation	$\alpha = .61$	$r = .61$
Motivation	$\alpha = .81$	$r = .68$

Eine Verbesserung der gemessenen Ausprägungen wird im Training angestrebt. Von daher ist eine Veränderung der Werte im Lauf der Zeit möglich. Eine durchgreifende Veränderung der Werte innerhalb von drei Monaten ist aber in der Regel nicht zu erwarten. Deshalb wurde mit einer Testgruppe von 45 Personen ein Zeitvergleich über drei Monate realisiert, um die Stabilität des Instrumentes zu prüfen. Bei Personalentwicklungsinstrumenten sollten die Reliabilitäten nicht unter .60 liegen. Vor diesem Hintergrund sind

---

[19] vgl. Kastenmüller A. (2012): Studie zu den Gütekriterien des MDA.
[20] ebd.

Das Power-Potential-Profile®

diese Werte als gut bis zufriedenstellend zu bezeichnen. Zum Zeitpunkt dieser Studie war der Faktor Zielorientierung noch nicht enthalten. Dieser wurde in der 2. Revision 2010 hinzugefügt und erweist sich seitdem ebenfalls stabil mit Reliabilitäten von .65 bis .75.

Vergleich des FSL mit Vorgesetztenurteilen[21]

	Arbeitsleistung	Führungskompetenz	Durchsetzungsfähigkeit	Teamfähigkeit
Konfliktmoderation	-,123	-,356	-,279	-,224
Teamfähigkeit	-,045	-,051	-,050	-,197
Erfolgskontrolle	-,206	-,372	-,365	-,130
Innovation	-,115	-,274	-,264	-,038
Kommunikation	-,142	-,344	-,358	-,137
Motivation	-,247	-,254	-,151	-,240

Sechs Faktoren des FSL wurden mit Vorgesetzten-Urteilen zu vier ausgewählten Bereichen verglichen. Die Vorgesetzten der Teilnehmer haben ihre Mitarbeiter anhand von Schulnoten in den Bereichen Arbeitsleistung, Führungskompetenz und Durchsetzungsfähigkeit bewertet. Es zeigen sich ziemlich gute Korrelationen vor dem Hintergrund eines kurzen ökonomischen Verfahrens (35 Items). Am deutlichsten zeigen sich Korrelationen mit den Vorgesetztenurteilen bei den Faktoren Konfliktmoderation, Erfolgskontrolle und Kommunikation.

Daraus lässt sich ableiten, dass diese drei Kompetenzfelder für die Wahrnehmung von Führungserfolg durch den Vorgesetzten entscheidend sind. Wie gut oder schlecht jemand seine Teamfähigkeit ausgebildet hat, ist dagegen für die wahrgenommene Führungskompetenz nicht relevant. So lässt sich die These aufstellen, dass Teamfähigkeit zwar ein wichtiger Faktor ist, um mit anderen gut zusammenzuarbeiten, doch für die Führungskompetenz spielt dies eher eine untergeordnete Rolle.

---

[21] vgl. Kastenmüller, A./Fischer, P. (2007): Gutachten: Die Gütekriterien des Power-Potential-Profile®. Ergänzend dazu vgl. Kastenmüller/Kannenberg/Fischer/Frey (2007): Entwicklung und Validierung eines Fragebogens zur Erfassung von Führungskompetenzen. In: Antoni/Bauer-Emmel/Fischbach (Hrsg.): Psychologie im Arbeitsleben, Seite B-83

Das Power-Potential-Profile®

Evaluationsstudie

In einer umfassenden Evaluationsstudie[22] wurden Führungskräfte dazu befragt, wie sie die Handhabung und den Nutzen des Power-Potential-Profile® (PPP) bewerten. Der Aufwand bei der Anwendung wird mehrheitlich als gering eingeschätzt. Die Ergebnisse werden als sehr gut bis gut nachvollziehbar empfunden.

AUFWAND des PPP	
Der Aufwand bei der Beantwortung des Fragebogens war ...	
sehr gering	6,7 %
gering	50,0 %
mittelmäßig	33,3 %
hoch	3 %
sehr hoch	0 %

NACHVOLLZIEHBARKEIT des PPP	
Die Ergebnisse waren für mich ... nachvollziehbar?	
sehr gut	50,0 %
gut	43,3 %
mittelmäßig	3,3 %
schlecht	3,3 %
sehr schlecht	0 %

---

[22] vgl. Kannenberg, D. (2012): Evaluationsstudie des Power-Potential-Profile aus Sicht der Anwender

Das Power-Potential-Profile®

NUTZEN des PPP			
Die Ergebnisse sind für mein weiteres Handeln ... hilfreich	Befragung direkt nach Feedback	Befragung 1 Woche nach Feedback	Befragung 6 Wochen nach Feedback
sehr hoch	20,7 %	17,2 %	33,3 %
hoch	65,5 %	65,5 %	53,3 %
mittelmäßig	13,8 %	13,8 %	10,0 %
gering	0 %	3,4 %	3,3 %
sehr gering	0 %	0 %	0 %

Die Teilnehmer wurden dreimal zu dem Nutzen des Power-Potential-Profile® für ihr weiteres Handeln befragt: kurz nach dem Auswertungsgespräch, eine Woche danach und sechs Wochen später. Es zeigt sich eine stabil hohe Einschätzung: Auch seschs Wochen nach dem Feedback zum Power-Potential-Profile® sagen über 80 Prozent der Teilnehmer, dass sie für die Weiterentwicklung ihrer Führungsrolle einen hohen oder sehr hohen Nutzen sehen.

Die häufigsten Aussagen zum Nutzen des Power-Potential-Profile® waren folgende:

- Mein Grad an Selbstreflexion ist größer geworden.
- Ich habe ein besseres Verständnis für mich und für meine verschiedenen beruflichen Rollen gewonnen.
- Ich bin mir meiner Führungspersönlichkeit bewusster und sicherer geworden.
- Ich weiß jetzt, wo ich mich weiter verbessern muss.
- Ich bin jetzt sicherer im Umgang mit meinen Mitarbeitern.
- In der Teamarbeit kann ich mich besser einbringen und stelle mich besser auf die Kollegen ein.
- Ich hole mir jetzt häufiger Feedback und lerne daraus.
- Ich habe einige Punkte für meine persönliche Verbesserung bereits angepackt.

Das Power-Potential-Profile®

Darüber hinaus berichten die lizenzierten Berater, dass mit diesem Instrument schnelle und sichtbare Erfolge in der Weiterentwicklung von Führungskräften erzielt werden.

Das Power-Potential-Profile® erweist sich damit als überaus nützliches Instrument, um die eigene Führungs-Kraft zu analysieren und auf dieser Grundlage die weiteren Lernschritte zu planen.

Literaturhinweise

Auf akademische Referenzen, Quellenhinweise und weiterführende Lektürehinweise haben wir im Text bis auf wenige Ausnahmen zugunsten einer besseren Lesbarkeit verzichtet. Ein ausführliches Literaturverzeichnis können Sie gern per E-Mail anfordern unter: kannenberg@flow.de

Attems, R./Heimel, F. (1991): Typologie des Managers. Wie Manager Wirklichkeit wahrnehmen und Entscheidungen treffen. Wien.

Banaji, M.R./Heiphetz, L. (5th Edition 2010): Attitudes. In: Fiske, S.T./Gilbert, D.T./Lindzey, G. (Hrsg.): Handbook of Social Psychology. New Jersey, S. 353–393.

Baumann, P. (2000): Die Autonomie der Person. Paderborn.

Bents, R./Blank, R. (2006): Sich und andere verstehen. Eine dynamische Persönlichkeitstypologie. München.

Branden, N. (2005): Die 6 Säulen des Selbstwertgefühls. München.

Drucker, P. (1954): Die Praxis des Managements. Düsseldorf.

Hansch, Dietmar (2006): Erfolgsprinzip Persönlichkeit. Heidelberg.

Jung, C.G. (2008): Typologie. München.

Kannenberg, D. u.a. (2007): Handbuch Führung. Celle.

Kannenberg, D. (2012): Evaluationsstudie des Power-Potential-Profile® aus Sicht der Anwender. Celle.

Kastenmüller A./Fischer, P. (2007): Gutachten: Die Gütekriterien des Power-Potential-Profile®. München.

Kastenmüller A. u.a. (2007): Entwicklung und Validierung eines Fragebogens zur Erfassung von Führungskompetenzen. In: Antoni, C.H./Bauer-Emmel, C./Fischbach, A. (Hrsg.): Psychologie im Arbeitsleben. Lengerich, S. B-83.

Kastenmüller A. (2012): Studie zu den Gütekriterien des MDA. Regensburg.

Literaturhinweise

Kralicek, P. (2007): Bilanzen lesen. Eine Einführung. München.

Lührmann, Th. (2006): Führung. Interaktion und Identität. Wiesbaden.

McClelland, D.C. (1975): Power. The inner experience. New York.

McClelland, D.C./Burnham, D.H. (2008): Macht motiviert. In: Harvard Business Manager 04/2008, S. 84 ff.

Nerdinger, F.W. (2000): Erfolgreich führen. Weinheim.

Rosenstiel, L. von (2003): Grundlagen der Organisationspsychologie. Stuttgart.

Rosenstiel, L. von/Regnet, E./Domsch, M. (Hrsg.) (2003): Führung von Mitarbeitern. Stuttgart.

Salovey, P./Caruso D.R. (2005): Managen mit emotionaler Kompetenz. Frankfurt/M.

Savater, F. (1993): Ethik für Erwachsene von morgen. Frankfurt/M.

Schmid, W. (1998): Philosophie der Lebenskunst. Eine Grundlegung. Frankfurt/M.

Schreyögg, G./Conrad, P. (Hrsg.) (2006): Management von Kompetenz. Managementforschung 16. Wiesbaden.

Schwarz, G. (1997): Konfliktmanagement. Wiesbaden.

Staudt, E. u.a. (Hrsg.) (2002): Kompetenzentwicklung und Innovation. Berlin.

Whitmore, J (1994): Coaching für die Praxis. Frankfurt/M.

Wippermann, F. (2011): Führungsdialoge. Regensburg.

Zink, K. J. (2004): TQM als integratives Managementkonzept. Das EFQM Excellence Modell und seine Umsetzung. München.

Stichwortverzeichnis

Affekte 71
Affektive Ebene 57
Analytisch 27
Anerkennung 132
Arbeitsbedingungen 131
Arbeitsmotivation 131
Arbeitsplatz-Sicherheit 132
Arbeitszeit 132
Aufgabenzuschnitt 131
Aufstieg 133
Aufwand PPP 184
Autorität 60, 62, 78, 83, 94

Befehlen 78, 86
Bereitschaft 127
Bezahlung 132
Beziehungskonflikt 145
Beziehungsorientiert 27
Bipolarität 14
Blinde Flecken 117

Chancen 153, 175, 177

Durchsetzung 62, 67, 78
Durchsetzungsvermögen 67, 68

E-Typ 18
EFQM-Modell 151
Einstellung 60
Emotionaler Faktor 78

Emotionen 71
Empfehlungen 164, 167, 171
Energie 14, 18
Entwicklung 132
Entwicklung der Autorität 95
Entwicklung der Verantwortung 90
Erfolgskontrolle 150, 154
Erfolgskriterien 150
Evaluationsstudie 184
Externe Bedrohung 153
Extraversion 16, 19

F-Typ 28, 29, 43
Fähigkeit 127
Fall 163, 166, 169
Fallbeispiel 111
Flexibel 31
Flexibilität 34
flow malex cube® 7, 179
Fremdeinschätzung 157
FSL 180
FSS 180
Fügen 91
Führungs-Kraft-Dreieck 166, 169, 172
Führungsaufgabe 60
Führungsherausforderung 104
Führungsherausforderungen 175

Stichwortverzeichnis

Führungskompetenz 116
Führungsstil 50
Führungsverhalten 56

Gefühle 71
Gesprächsvorbereitung 42
Gestalten 78, 79
Gestaltende Grundhaltung 82
GROW-Modell 146
Grundhaltung 162
Grundhaltungen 78, 104
Gruppenkonflikt 145

Haltung 56, 60, 111, 162
Haltungen bei Mitarbeitern 107
Handlungsweisen 107

I-Typ 18
Innere Haltung 60
Innovation 126
Innovationsfähigkeit 126, 128
Interne Bedrohung 153
Intransparenz 153
Intrinsische Motivation 131
   – Gestaltungsfelder 131, 132
Introversion 16, 19
Intuitiv 22

J-Typ 31, 33
JPP 180
Jung'sche Typologie 14
Jungian Personality Profile 13, 16, 180, 181

Kognitive Ebene 57
Kommunikation 42, 136
Kommunikationsfähigkeit 136, 138
Kommunikationsverhalten 139
Kompetenz 117, 156, 162
Kompetenzfelder 118
Konative Ebene 57
Konfliktarten 145
Konflikte 144
Konfliktklärung 146
Konfliktmoderation 144, 147
Kontrolle 87

Lebensstil 31
Leistung 132
Leistungsteam 141
Lernchancen 133

MDA 180
Mentale Reise 104
Mitarbeitergespräch 46
Möglichkeit 128
Motivationsfähigkeit 130, 134

N-Typ 23, 25, 42
Nachvollziehbarkeit PPP 184
Nutzen PPP 185

Ordnung 34
Organisation 75, 132
Organisationale Verantwortung 75
Organisationaler Faktor 78

Stichwortverzeichnis

Organisations- oder Strukturkonflikt 146

P-Typ 32, 33
Persönliche Autorität 82
Persönliche Einstellung 89, 94
Persönlichkeit 12, 40, 111, 162
Persönlichkeitstypologie 12
Phasen eines Projekts 53
Potenziale 14
Problemlösung 47
Psychologische Verhaltensmuster 50

Reliabilität nach Cronbach-Alpha 182
Reliabilitäten des FSL 182
Risiken 175, 177
Rollenkonflikt 145

S-Typ 23, 25, 42
Schlüsselkompetenzen 116, 156
Schlüsselqualifikationen 116
Schwächen 157, 173, 177
Selbst- und Fremdeinschätzung 117
Selbsteinschätzung 157
Selbstherrlichkeit 65
Selbstreflexion 122, 128, 134, 138, 142, 147, 154
Selbstsicherheit 87
Selbstwert 62, 78

Selbstwertgefühl 62
Sich fügen 78
SMART1-Kriterien 121
SMART2-Kriterien 122
Soziale Verantwortung 73
Sozialer Faktor 78
Stärken 100, 157, 173, 177
Stimmungen 71
Strategische Bedrohung 153
Strukturiert 31

T-Typ 27, 29, 43
Tätigkeit 131
Team 141
Teamfähigkeit 140, 142
Typologie 12
Typologische Argumentationsmuster 44

Übergangssituation 97
Umwelt 14, 22
Unabhängigkeit 62, 64, 78
Unkenntlichkeit 65

Veränderung 101, 126
Verantwortung 70, 78, 83, 89, 133
Verantwortungsübernahme 106
Verteilungskonflikt 145
Verweigern 78, 96, 99
Vier-Felder-Konzept der Innovation 127
Vorgesetzter 131

Stichwortverzeichnis

Weiterentwicklung 84, 85
Wertekonflikt 145

Ziele 119
Zielformulierung 121, 122
Zielorientiertes Verhalten 119

Zielorientierung 119, 122
Zielsetzung 120
Zuhörer- und sprecherorientierte
 Kommunikation 137
Zulässigkeit 127
Zusammenarbeit 108

E-Book inklusive: Lesen wo und wann Sie wollen

Ihr Code zum Download des E-Books

59B-FMG-VMA

Mit diesem Code können Sie das E-Book (PDF-Format) von unserer Homepage herunterladen:

- Gehen Sie zu **www.walhalla.de/inklusive** oder nutzen Sie den nebenstehenden QR-Code.
- Geben Sie den Code und dann Ihre E-Mail-Adresse ein.
- Der Link zum Download wird Ihnen in einer E-Mail zur Verfügung gestellt.

Wir setzen auf Vertrauen
Das E-Book wird mit dem Download-Datum und Ihrer E-Mail-Adresse in Form eines Wasserzeichens versehen. Weitere Sicherungsmaßnahmen (sog. Digital Rights Management – DRM) erfolgen nicht; Sie können Ihr E-Book deshalb auf mehrere Geräte aufspielen und lesen.

Wir weisen darauf hin, dass Sie dieses E-Book nur für Ihren persönlichen Gebrauch nutzen dürfen. Eine entgeltliche oder unentgeltliche Weitergabe an Dritte ist nicht erlaubt. Auch das Einspeisen des E-Books in ein Netzwerk (z.B. Behörden-, Bibliotheksserver, Unternehmens-Intranet) ist nicht erlaubt.

Sollten Sie an einer Serverlösung interessiert sein, wenden Sie sich bitte an den WALHALLA Kundenservice; wir bieten hierfür attraktive Lösungen an (Tel. 09 41/56 84 210).

Bitte sorgen Sie mit Ihrem Nutzungsverhalten dafür, dass wir auch in Zukunft unsere E-Books DRM-frei anbieten können!

WALHALLA FACHVERLAG